O AGENTE SOCIAL QUE TRANSFORMA

O sociodrama na organização de grupos

Dados Internacionais de Catalogação na Publicação (CIP)
(Câmara Brasileira do Livro, SP, Brasil)

Marra, Marlene Magnobosco.
   O agente social que transforma : o sociodrama na organização de grupos / Marlene Magnabosco Marra. – São Paulo: Ágora, 2004.

   Bibliografia.
   ISBN 978-85-7183-885-7

   1. Assistentes sociais 2. Grupos sociais 3. Psicodrama 4. Sociodrama I. Título. II. Título: O sociodrama na organização de grupos.

04-2132   CDD-361.4

Índice para catálogo sistemático:

1. Grupos : Organização : Uso do sociodrama : Bem-estar social 361.4

Compre em lugar de fotocopiar.
Cada real que você dá por um livro recompensa seus autores
e os convida a produzir mais sobre o tema;
incentiva seus editores a encomendar, traduzir e publicar
outras obras sobre o assunto;
e paga aos livreiros por estocar e levar até você livros
para a sua informação e o seu entretenimento.
Cada real que você dá pela fotocópia não autorizada de um livro
financia o crime
e ajuda a matar a produção intelectual de seu país.

O AGENTE SOCIAL QUE TRANSFORMA
O sociodrama na organização de grupos

Marlene Magnabosco Marra

EDITORA
ÁGORA

O AGENTE SOCIAL QUE TRANSFORMA
O sociodrama na organização de grupos
Copyright © 2004 by Marlene Magnabosco Marra
Direitos desta edição reservados por Summus Editorial

Capa: **Marcio Koprowski, sobre ilustração
de Thiago Cavalcante Horta**
Ilustrações: **Thiago Cavalcante Horta**
Diagramação e fotolitos: **All Print**

Editora Ágora

Departamento editorial:
Rua Itapicuru, 613 – 7º andar
05006-000 – São Paulo – SP
Tel.: (11) 3872-3322
Fax: (11) 3872-7476
http://www.editoraagora.com.br
e-mail: agora@editoraagora.com.br

Atendimento ao consumidor:
Summus Editorial
Tel.: (11) 3865-9890

Vendas por atacado:
Tel.: (11) 3873-8638
Fax: (11) 3873-7085
e-mail: vendas@summus.com.br

Impresso no Brasil

Dedico este livro a meus filhos, Brener, Ana Paula e Daniel, que tornaram minha vida melhor; a todas as crianças e adolescentes desamparados; e aos que lutam para que seus direitos e deveres sejam respeitados.

Agradecimentos

À minha família – particularmente meus pais –, que me deixou grandes legados e mostra-me a importância do trabalho, da justiça e da fraternidade.

A meus filhos, pela contribuição e ajuda mútua. Minhas desculpas pelas ausências e injustiças em relação ao tempo-espaço de convivência.

Especialmente à minha orientadora e professora dra. Liana Fortunato Costa, que, com sua sabedoria de mestre, acompanha minha caminhada de crescimento, orienta-me em grandezas especiais e me fez compreender que "cada pessoa está no lugar que deve estar".

Particularmente à minha tão grande irmã e amiga Antônia Lúcia Ribeiro Freitas, que cuidou de mim e ajudou-me nas discussões e tarefas de trabalho que compartilhamos e enriquecemos mutuamente.

À minha mestra primeira, Maria Eveline Cascardo Ramos, de longa caminhada, que me mostrou, com empenho e dedicação, seu trabalho social com populações menos favorecidas, o qual pudemos compartilhar, e pude aprender com seu entusiasmo e sua persistência.

Minha eterna gratidão.

Sumário

Apresentação 11

Introdução 15

Parte 1 – A socionomia: uma teoria para a organização dos grupos 17

1 A trajetória e o universo da pesquisa 19

2 O pensamento pós-moderno e as tendências epistemológicas 25

3 Um pouco de história 31

4 A teoria socionômica 37

5 Sociodrama – perspectiva teórica e metodológica 47

6 O sociodrama e a pesquisa-ação: uma conexão possível? 57

Parte 2 – O sociodrama como práxis da formação de agentes sociais: multiplicadores 63

7 O trabalhador social: investigador-participante 65

8 Uma experiência de sociodrama 67

9 De "bombeiro" a multiplicador 125

10 Metodologia de abordagem às famílias: uma perspectiva de multiplicação 135

Parte 3 – Ações socionômicas no resgate dos Direitos Humanos 145

11 Inclusão social e cidadania 147

12 Espaços públicos para a defesa e a proteção da criança e do adolescente 157

13 Da cegueira à visão: reconstruindo vínculos e construindo redes sociais 163

Referências bibliográficas 175

Apresentação

Pequena grande Marlene!

É com muita satisfação que faço a apresentação deste livro. Durante dois anos vivi a alegria de compartilhar com Marlene os avanços em sua trajetória na realização de sua dissertação de mestrado. Tive a honra também de ser sua orientadora. E a continuidade de sua defesa pública do mestrado só poderia ser mesmo a publicação deste material, porque as contribuições contidas nele são inúmeras.

Em primeiro lugar, Marlene tece uma costura teórica que envolve as contribuições teórico-metodológicas de Moreno para o estudo dos grupos e a prática de intervenções em trabalhos comunitários. Isso é feito mediante o aprofundamento em um tema tão atual como o agir interventivo dos conselheiros tutelares, contribuindo assim para uma discussão mais focal de uma interface de áreas que, muito recentemente, estão sendo estudadas como saberes complementares, que são a Justiça, a partir do paradigma do Direito, e a Psicologia, a partir do paradigma sociocomunitário.

Em minha trajetória de trabalho, como psicóloga e professora supervisora há muitos anos em projetos comunitários, venho pesquisando, descrevendo metodologias e publicando experiências que envolvem o uso do psicodrama e do sociodrama tanto quanto referência teórica como instrumento de prática. Por isso sei da dificuldade de seguirmos os parâmetros das exigências presentes nos trabalhos acadêmicos, nessa opção por uma realização inovadora e ao mesmo tempo encaixada nos ditames dos rigores científicos. Nesse sentido essa também é outra contribuição dada por Marlene, a de permitir que essa configuração teórica e metodológica aqui exposta seja vista como uma proposta didática, para que outros pesquisadores reconheçam como possível e se sintam encorajados a ousar e avançar nas opções por enfoque e metodologia mais coerentes com suas práticas e mais pertinentes a seu objeto de estudo.

Outro ponto que merece destaque é a dimensão de reflexividade presente neste trabalho. Vários autores que discutem as idéias pós-modernas vêm-se interessando por trazer à discussão um novo tema: ação reflexiva (Grandesso, 1995; Rapizo, 1996; Schön, 2000; Pakman, 2003). Neste trabalho estão justificadas e expostas as condições de transformação que ocorreram durante a realização da pesquisa com os conselheiros tutelares e não ficaram restritas a esse período.

Pakman (2003) fala em um reconhecimento de um ciclo criativo presente na realização das experiências que é visto como "teoria em uso", ou seja, é a capacidade do profissional, ao exercer sua prática em reflexividade, de criar uma teoria que é restrita a seu âmbito de experiência, mas se constitui numa contribuição teórica dentro de sua micropolítica de atuação. Assim faz Marlene em relação ao conhecimento sobre o uso de instrumentos de ação, sua descrição metodológica e a discussão teórica decorrente, que ainda abrange as tendências epistemológicas pós-modernas e descortina um leque de possibilidades da inserção da obra de Moreno (pós-moderna antes mesmo do surgimento de idéias reconhecidas como tais) no contexto acadêmico. Nesse sentido, segue um caminho já traçado por nossos grandes mestres como Eveline Cascardo Ramos, José Fonseca Filho, Wilson Castello de Almeida, Maria Rita D'Ângelo Seixas, Ana Maria Zampieri e outros.

Há ainda outra grande contribuição neste livro. É sobre o funcionamento de um papel ainda bem pouco estruturado e bastante confuso: o de conselheiro tutelar. Apesar de o Estatuto da

Criança e do Adolescente ser já, ele mesmo, um adolescente (treze anos), suas indicações foram pouco compreendidas e seguidas. A implantação dos Conselhos Tutelares e o treinamento desses agentes ainda permanecem como um desafio por acontecer. O conselheiro tutelar é um agente comunitário que tem sua atuação designada numa interface normativa/fiscalizadora e também compreensiva/terapêutica. Ele permanece numa indefinição entre ser psicólogo/assistente social e ser policial/promotor. Por isso mesmo urge que se conheça melhor essa atuação e se possam oferecer subsídios para o treinamento e a descoberta do exercício desse papel. Ao final do texto encontramos uma proposta de treinamento teórico que caminha nessa direção, bem como uma leitura psicossociodramática desse treinamento numa dimensão de ação e resgate da espontaneidade perdida entre tantos fogos por apagar.

Estamos todos de parabéns pela oportunidade de entrar em contato com um trabalho cuja meta é identificar as questões novo-paradigmáticas que a academia vem tentando assimilar e integrar, e ainda oferecer algumas saídas para um tema pouco conhecido e debatido, que é a atuação do Conselho Tutelar nas comunidades.

Boa leitura!

Liana Fortunato Costa

Referências bibliográficas

GRANDESSO, M. A. Equipe reflexiva: uma análise do ponto de vista da construção de significado. *Nova Perspectiva Sistêmica*, ano IV, n. 7, p. 31-37, 1995.

PAKMAN, M. Conhecimento disciplinar, pós-modernismo e globalização: uma chamada à "virada reflexiva" de Donald Schön para as profissões de saúde mental. *Nova Perspectiva Sistêmica*, ano XII, n. 22, p. 7-31, 2003.

RAPIZO, R. Praticante reflexivo: a identidade profissional do terapeuta de família. *Nova Perspectiva Sistêmica*, ano IV, n. 8, p. 21-28, 1996.

SCHÖN, D. *Educando o profissional reflexivo. Um novo design para o ensino e a aprendizagem*. Porto Alegre: Artmed, 2000.

Introdução

Nosso cotidiano vive sempre em busca do sentido das pessoas e das coisas à nossa volta. Esse sentido emerge da participação, da fraternização e do amor que mantêm permanentemente a complementaridade, como acredita Edgar Morin (2003). Esse mundo não tem sentido sem nosso olhar que lhe dá forma. Como então refletir sobre essa qualidade formal para buscar a flexibilidade necessária diante de uma realidade que é apenas formalizável?

Valorizar o erro, as dúvidas, o imprevisível disponibiliza-nos a aprender formas alternativas de viver e conviver.

O objetivo deste livro é iniciar junto com os profissionais e trabalhadores de grupo uma proposta de reflexão sobre uma prática social – o sociodrama – que utiliza a interação grupal como principal recurso de intervenção. Estimular os profissionais a apropriar-se desse modo de intervir para desenvolver a dimensão de multiplicador do seu papel profissional. A proposta é que se disponham a ser multiplicadores não só dessa prática que reside na auto-reflexividade, como também da promoção do resgate dos direitos humanos e da cidadania.

A aprendizagem reconstrutiva (Demo, 1999) com base na ação vivida no sociodrama é marcada pela relação dos sujeitos e tem como desafio aprender mais do que ensinar, tendo como contexto a formação da competência humana, cuja idéia central é a formação de sujeitos capazes de história própria, individual e coletiva.

A qualidade social e política desse modo de intervir está mais presente no sociodrama do que a qualidade formal.

A busca de satisfação material por si só não garante a qualidade de vida e a sustentabilidade das comunidades, uma vez que a criação de oportunidades implica o desenvolvimento humano. A educação é vista como mola propulsora que preservará o futuro das novas gerações.

Outro objetivo, portanto, deste livro é aprofundar e abrir espaços para reinventar os caminhos da emancipação social.

O sociodrama, como instrumento, responde a essas questões e as abarca, tornando os conflitos mais saudáveis e menos injustos. Oferece, ainda, a oportunidade de ampliar as experiências de cada um ao propor a circularização da informação e a interação do saber popular e científico.

As experiências vividas, processadas e co-construídas com os conselheiros tutelares e as famílias possibilitaram a organização desta obra, que sugerimos aqui e agora.

Parte 1

A socionomia: uma teoria para a organização dos grupos

1

A trajetória e o universo da pesquisa

A pesquisa de que resultou este trabalho desenvolveu-se com os conselheiros tutelares e as famílias atendidas por eles em quase todo o Distrito Federal. O trabalho com os Conselhos Tutelares aqui apresentado será apenas um meio de acesso para o estudo teórico e prático do sociodrama – um dos métodos de organização e tratamento dos grupos criados por Jacob Levy Moreno. As reflexões desenvolvidas na dissertação de mestrado, que tem como título *De "bombeiro" a multiplicador: abordagem sociodramática à família no contexto dos Conselhos Tutelares (CTs)*, possibilitam ao leitor visualizar a quem se referem suas perspectivas. Utilizamos a metáfora "de bombeiro", usada na linguagem dos próprios conselheiros, para situar seu modo de intervenção na lida com as famílias. Sabemos que o bombeiro permanece focado no fazer e no cumprir sua tarefa de apagar o fogo, sem se preocupar em formar vínculos com as pessoas. A prática de intervenção dos bombeiros acontece em um espaço onde surgiu um problema, e a ele é designado aplicar um conhecimento e um "saber fazer", criados em outro lugar por e com outras pessoas, e mais ou menos arranjados para aquelas circunstâncias. Os bombeiros não estão conectados com o relacional, o processual e o contextual de seu modo de operar. O importante é exercitar aquela operação o mais rápido possível e obter o resultado já previsto.

Este trabalho busca trazer um novo modo de intervir – o sociodrama como uma referência simbólica fundamental que permite pensar, organizar e dar sentido ao mundo social dos envolvidos pela interação grupal. Sua proposição vai além do "fazer". Procura criar um contexto de desenvolvimento e aprendizagem de novas e mais adequadas respostas sociais. Um modo de ressignificar o momento de vida e promover possibilidades de viver e conviver socialmente. O sociodrama faz emergir as demandas e práticas sociais, políticas e culturais de qualquer segmento da população que se articula e organiza de acordo com seu modo de viver e com o sentido que atribui à vida, quando então os atores sociais começam um processo de ação-reflexão-ação na compreensão de seus papéis.

O sociodrama é considerado um paradigma de co-construção do saber, estabelecendo uma ponte criativa e co-responsável entre os participantes do grupo, própria de todo conhecimento. Assim, este trabalho tem um compromisso com os profissionais de grupo, psicodramatistas ou não, especialistas ou não, de uma perspectiva do desenvolvimento humano, compreendendo desenvolvimento como um reflexo direto da capacidade de mudar e transformar. Visto como oportunidade, inclui um olhar transdisciplinar, abrangendo todas as dimensões da realidade. Portanto, este livro pretende, ainda, dar aos profissionais de grupo a possibilidade de reconhecer-se nessa prática e desenvolver, também, seu papel de multiplicador dessa prática. Uma vez que educação e desenvolvimento são parceiros do conhecimento, buscamos socializar o sociodrama, gestando oportunidades de "fazer-se oportunidade", uma questão de cidadania (Demo, 1999).

O trabalho apresentado refere-se a uma pesquisa de tema concernente à Psicologia Comunitária, envolvendo famílias e agentes comunitários na pessoa dos conselheiros tutelares, numa perspectiva qualitativa, e teve como objetivo geral produzir conhecimento metodológico de abordagem às famílias acompanhadas pelos Conselhos Tutelares. Os objetivos específicos foram:

- promover a criação de um espaço de interlocução entre conselheiros e famílias acompanhadas pelos CTs;
- identificar o que essas instâncias interdependentes pensam e qual a representação dos CTs e do Estatuto da Criança e do Adolescente (ECA) para essas famílias, e vice-versa;
- propiciar discussão a respeito da função e definição do papel dos conselheiros e das famílias perante os CTs;
- conhecer e analisar indicadores que revelariam a realidade, os mitos, as dificuldades, os caminhos e outros aspectos na relação conselheiro-família;
- identificar que estratégias de ação são mais eficientes nesses contextos e como os conselheiros transformam crises em possibilidades;
- construir um conhecimento metodológico articulando pesquisa e ação educativa na perspectiva de formação de multiplicadores.

A proposta dessa investigação originou-se da concepção de pesquisa articulada a uma ação educativa. Geramos um espaço de construção de novos significados na complementaridade da relação das famílias, das crianças e dos adolescentes acompanhados pelos conselheiros do CT. A relação entre conhecimento e ação está no centro da problemática metodológica qualitativa nessa pesquisa. Trata-se de um trabalho de ação comunitária numa interface entre uma ação social e uma ação que se articula com o Judiciário, a qual poderá constituir-se em ação terapêutica. Como abordarmos o tecido social priorizando seus atores com suas experiências de sentido, suas histórias, seus sofrimentos, suas necessidades, mas também suas possibilidades de transformação

O ECA traz um novo paradigma no que concerne às maneiras de conceber, compreender e agir com relação à infância e à adolescência, e passa, na atualidade, pela necessidade de enfrentamento do grande desafio: a urgência de ampliação do acesso aos direitos sociais. Uma demanda da sociedade que vem sendo intensificada na medida em que se abre para uma perspectiva emancipatória de formação de sujeitos sociais.

Essa nova concepção reflete-se em modificações das práticas de atuação e dos exercícios de gestão e tem como objetivo facilitar a autonomia, a transparência e a racionalidade na elaboração de políticas, definição de prioridade, implantação e avaliação de ações e serviços.

Campelo (2001) enfatiza que os CTs convivem com o paradoxo de terem de dar respostas às demandas postas, haja vista estarem respaldados pelo ECA, ao mesmo tempo que deparam com um poder público fragilizado e insuficiente, em face do desmonte das políticas sociais e entidades de atendimento às crianças e aos adolescentes no Brasil. A autora fala da visão assistencialista dos conselheiros e esclarece que estes nem sempre conseguem realizar sua incumbência pública perante a situação de debilidade em que se encontram os órgãos da rede pública e privada que prestam atendimento. Com isso, muitas medidas aplicadas de proteção ficam sem respostas ou são implementadas sem assegurar atendimento personalizado ou digno às crianças e aos adolescentes. Necessário se faz que os conselheiros não sejam bombeiros e utilizem-se do diálogo, de outros recursos e estratégias que estimulem o processo de reflexão-ação, possibilitando ampliar sua atuação direta na promoção da competência dessas famílias, implantar programas de atendimento, formar uma equipe de técnicos, criar recursos para prestação de serviços diretos, introduzir o controle social para prestação de outros serviços, bem como fiscalizar para que o sistema funcione de maneira eficiente.

Quando falamos em formação de multiplicadores, compreendemos a dimensão complementar dessas duas palavras no contexto desta pesquisa. Estão implicadas entre si e correspondem a um compromisso do homem (ser social) e do profissional consigo mesmo, com o contexto histórico-social, com a estrutura das relações envolvidas na condição primeira de educar e com o desenvolvimento da capacidade de refletir e agir dos sujeitos. Tal como Freire (1993), concebemos a educação como um processo permanente e contínuo de mudança, no qual estamos sempre nos educando. Logo, consideramos que uma das dimensões do papel de multiplicador é o de trabalhador social em processo de mudança e possibilitando mudanças. Todos que trabalham na área social são educadores. O multiplicador é um ser da práxis. Portanto, esse jogo interativo da ação-reflexão-ação, elementos inseparáveis, tem uma correspondência direta entre a função de conselheiro e sua realidade.

Um grande desafio está posto: como investigar a possibilidade de construir a formação de multiplicadores (conselheiros), capacitando-os e instrumentalizando-os para a abordagem às famílias na perspectiva da promoção da saúde em suas diversas instâncias? Que outras dimensões o papel de conselheiro comporta na abordagem às famílias? Como trabalhar numa dimensão de construção para buscar a participação? Como abordar as famílias das crianças e dos adolescentes no contexto dos CTs? Que mitos e crenças os conselheiros têm sobre as transformações dessas famílias? Como os conselheiros transformam crises em possibilidades? Que estratégias de ação são mais eficientes nesses contextos?

Buscamos na socionomia os aportes que dessem sustentação a esta pesquisa. Portanto, o arcabouço teórico-metodológico fundamenta-se em uma proposta sociopsicodramática, segundo Moreno (1951, 1972, 1975 e 1992), vista de uma perspectiva sistêmico-construtivista. Utilizamos os pressupostos da terapia familiar e da terapia de rede por enfatizar e conter o caráter psicossocial, contextual e sistêmico da investigação. Essas referências garantem a sustentabilidade, no dizer de Morin (2000a, p. 13), "religar os conhecimentos dispersos" para a reforma do pensamento e das instituições.

Ao vivenciarem os processos grupais por meio da interação, os atores sociais ficam imersos nessa microrrealidade, porém com a perspectiva de alcançar a macrorrealidade. Essa vivência dá-lhes o *status* de agente transformadores, uma vez que os mitos, as crenças construídas por sua percepção, bem como toda uma realidade subjetivada pelo drama coletivo, podem ser libertos das opressões e dos preconceitos impostos pelo meio social. A participação dos conselheiros e das famílias permitiu-nos levantar conhecimento do modo como os conselheiros trabalham ao abordarem as famílias, aproximando o conhecimento do senso comum ao conhecimento científico (Santos, 1998), reconhecendo o paradigma calcado nas ciências sociais, que é a complexidade do real.

O sociodrama, instrumento eficaz e eficiente para essas propostas, será, neste livro, discutido em seus aspectos teóricos, filosóficos, metodológicos e práticos.

2

O pensamento pós-moderno e as tendências epistemológicas

A construção de novos significados, a emergência da qualificação do conhecimento real, o compromisso ético de participação, a teoria e prática do socius na compreensão relacional do sujeito, bem como todas as demais teorias que falam da importância da construção de uma realidade na interação, são pressupostos da pós-modernidade. Transformam padrões e atitudes e promovem novas possibilidades de intervenções interativas e abordagens, gerando mudanças epistemológicas e paradigmáticas. Essas construções teóricas em Psicologia permitem-nos integrar dimensões do humano como sujeito e distingui-lo da marcante influência empirista, trazendo uma nova construção do objeto de estudo em questão – a relação entre conhecimento e realidade.

Visto dessa forma, o pensamento pós-moderno qualifica o conhecimento segundo os processos de construção que estão incrustados nas relações sociais. A imbricação sujeito–realidade é fruto do atual paradigma da complexidade.

O sujeito está ligado à linguagem e à cultura e intercomunica-se com seus pares. Mediante esse instrumento, que é a linguagem verbal e não-verbal, pode tomar consciência de si mesmo – auto-referência. Esse sujeito está, ainda, ligado ao princípio da incerteza, no qual ordem, desordem e ambivalências convivem num mesmo contexto, dando ao sujeito a liberdade de escolha entre várias alternativas. A questão não é viver na desordem, mas dar lugar a uma nova ordem. O caos é um anunciador de que o sistema está saturado e precisa de intervenção. Como compor com o caos? Assim, as propostas pós-modernistas não consideram a dualidade subjetivo–objetivo, uma vez que a realidade passa a ser construída segundo a experiência do sujeito, na qual não existe mais a concepção de uma verdade única, atemporal e aistórica (Morin, 1990).

Subjetividade, para González Rey (1997, p. 83), é compreendida como a "construção psíquica do sujeito individual que integra os diversos estados e processos desse sujeito em cada momento de sua ação social, que são inseparáveis dos sentidos subjetivos que em tais momentos tenham para ele". Nesse sentido, a epistemologia qualitativa encontra uma integração dos elementos: autonomia/dependência, sujeito/objeto, individual/social e ordem/desordem/organização. Portanto, no paradigma simplificador, objetividade e subjetividade são definidas por contradição, na qual a objetividade se refere a uma propriedade fundamental para um conhecimento válido do real. Porém, para os autores Santos (2000) e Morin (2000a), a objetividade não consiste em um relato fiel do real, considerando o sujeito único elemento fundamental para o conhecimento. Trata-se, pois, de uma articulação entre múltiplos momentos e dimensões presentes no processo. O ser humano é de natureza multidimensional. A realidade é, por conseguinte, multifacetada, sendo renovada, experimentada e criada pelos organismos vivos, pelos sistemas, assim como pelas famílias, pelos grupos sociais e pelas sociedades, mediante conversações, significados e vivências que descrevem a auto-referência das pessoas e dos grupos (Morin, 1996).

A ação humana é radicalmente subjetiva. O comportamento humano não pode ser explicado e descrito, ao contrário dos fenômenos naturais. Assim, as Ciências Sociais serão sempre subjetivas e só poderão ser compreendidas por atitudes mentais e pelo sentido que os agentes conferem a suas ações, necessitando de métodos de investigação qualitativos com vistas à obtenção de um conhecimento intersubjetivo, descritivo e compreensivo, uma atitude antipositivista (Santos, 2001). Assim, o autor aponta que uma das rupturas epistemológicas significativas foi a permissão da ciência moderna de diferenciar-se do senso comum. Torna-se essencial transformar o conhecimento num novo senso comum, emancipatório. Para o autor, o senso comum não nasce de uma prática especificamente orientada para o produzir, mas surge de forma espontânea no encadeamento da vida, reproduz-se ao lado das trajetórias e das experiências de vida. Por ser vulgar e prático, ele orienta nossas ações. O conhecimento emancipatório tem de converter-se em senso comum emancipatório, forma de conhecimento que enriquece nossa relação com o mundo, fazendo coincidir causa com intenção. Circunscreve-se na ação e no princípio da criatividade e responsabilidade individual.

A construção do novo senso comum consiste em três dimensões: a solidariedade (dimensão ética), a participação (dimensão política) e o prazer (dimensão estética).

Segundo Morin (2000b) e Santos (2001), o conhecimento estende-se muito além de uma concepção dicotômica e entre o objetivo e o subjetivo. Esses princípios transportam-nos a um pensamento não fragmentado que associa, organiza, aglutina os saberes e emite, de fato, a transdisciplinaridade, numa perspectiva de rejuntar ciências e humanidades. Para articular e organizar o conhecimento, é necessário "perceber e conceber o contexto, o global, o multidimensional e o complexo. Será uma reforma pragmática e fundamental para a educação" (Morin, 2000a, p. 25).

Esses autores, tal como Moreno (1972), o criador da Socionomia, propõem um conhecimento em movimento, na ação, uma pedagogia do ato criador, estimulando tanto a participação como a criatividade e a responsabilidade ética.

A nova atitude do profissional diante do conhecimento implica recusar a separação entre ciências e humanidades, negar seu papel de especialista, pois o conhecimento, sendo alcançado socialmente, muda-se e renova-se a cada momento de interação. Percebemos que não há neutralidade no compromisso social. O conhecimento científico bem como o conhecimento do senso comum modificam a vida das pessoas quando se apropriam deles e sabem lidar com os resultados do que foi produzido pelo grupo na interação.

Todas essas reflexões apontam para a emergência de considerar o movimento de expansão da pesquisa qualitativa, na qual a socionomia está inserta, coincidindo com o pensamento pós-moderno, que traz em seu bojo diversos aspectos fundamentais, como a atitude de não reduzir e não separar, mas diferenciar e juntar. Os processos mentais não são lineares. Os novos paradigmas incorporam desordem/ordem, certeza/incerteza, acaso/ determinismo, estabilidade/instabilidade como unidades contrárias e fazem emergir um consenso discutido e discutível (Demo, 2001), pois as pessoas encontram saídas para suas dificuldades e constroem novas possibilidades na oportunidade de divergir. A perspectiva é transformar as questões grupais, comunitárias e sociais em práticas sociais, as crises em alternativas; e reconhecer que as resoluções estão presentes em todos os níveis da natureza, que o contexto dos acontecimentos são complexidades organizadas, vividas intersubjetivamente, e produtoras de conhecimento.

Os trabalhos de Moreno (1951) podem ser considerados um marco importante de ruptura com as concepções individualistas, uma vez que desenvolveram conceitos sobre a formação e a dinâmica dos vínculos, a medida das relações sociais e o tratamento dos grupos e das relações. Promovem um tipo de pesquisa mobilizadora, mola propulsora do desenvolvimento grupal e cultural, apresentando-se como uma pesquisa participante em ação interventiva por dar conta do acesso às dimensões humanas. Buber (1974) e toda tradição existencialista apontam para o fato de o humano estabelecer-se na relação ou na esfera do "inter-humano". E o que é próprio do humano não pode ser investigado pela ciência tradicional. Conseqüentemente, esse tipo de investigação é do tipo sujeito-sujeito ou subjetividade-subjetividade, guardando sempre uma perspectiva relacional, como assinala Buber, ou melhor, intersubjetiva. Em vez dos fatos, temos os fenômenos vividos. Assim como na terapia familiar, os trabalhos de Ackerman (1986) e Bateson (1972) são reputados como importantes por incluir concepções sistêmicas no trabalho com famílias, comunidades e instituições; na prática clínica; e na compreensão da interação em seus diversos contextos. A terapia de família pertence ao campo das psicoterapias grupais.

Tal como a socionomia, o modelo sistêmico propõe o desafio de criar sempre um novo sistema de relações entre sujeito-realidade, busca entender os acontecimentos em relação aos contextos em que ocorrem e considera que o conhecimento é construído num espaço consensual de intersubjetividade (Vasconcellos, 2002).

Alguns autores, como Ackerman (1986), Bateson (1972), Elkaim (1990) e Neuburger (1999), afirmam que a terapia familiar é considerada uma nova concepção epistemológica e metodológica aplicada no tratamento das mais diferentes problemáticas. É concebida como um trabalho de natureza relacional com a finalidade de promover mudanças interpsíquicas. A terapia familiar é vista como contextual (Neuburger, 1999).

3

Um pouco
de história

Jacob Levy Moreno, criador dos métodos baseados na ação e na relação social, considerando suas próprias teorias e vivências, buscou a "cura" na complexidade dos estudos e das pesquisas da espontaneidade/criatividade. A ação incorporou a palavra e o grupo, passando a conter a dimensão relacional da pessoa numa perspectiva de qualidade de vida.

Foulkes (*apud* Martin, 1996, p. 8) salienta que "J. L. Moreno usou técnicas de grupo, em Viena, já antes de 1920, e em 1931 cunhou o termo psicoterapia de grupo". Em sua fase nos Estados Unidos, contribuiu com muitos conceitos férteis concernentes à dinâmica grupal, enfatizando as idéias de interação social, de "átomo social", de espontaneidade e as possibilidades dramáticas (psicológicas e sociais) latentes em todo grupo. Suas técnicas sociométricas têm sido valiosas para a investigação grupal.

Portanto, podemos considerá-lo homem sensível às mudanças sócio-históricas e políticas de sua época e geração, pois sua caminhada e sua biografia registram acontecimentos e vivências que nos permitem, a esse tempo, reconhecê-lo como um importante co-fundador da psicoterapia de grupo ao lado de outros grandes estudiosos de sua trajetória, como S. H. Foulkes, S. R. Slavson, T. H. Parsons, K. Lewin e tantos outros (Martin, 1996).

Moreno viveu em uma época em que grandes transformações estavam por acontecer, tanto quanto na atualidade. Seus ensinamentos possibilitam-nos transcender o foco de estudo do indivíduo para os sistemas, um conjunto de mitos, valores, crenças e atitudes, numa perspectiva de mudança de paradigma. Suas pesquisas favorecem-nos hoje a sair para a comunidade e os mais diversos espaços onde a mudança social se faz presente, onde os indivíduos querem transformar-se em atores, sujeitos de direito. Por meio da ação, o autor buscou alcançar o significado da realidade e do mundo para o sujeito, que é encarado como ator e protagonista de sua própria vivência, cujo fundamento está na valorização de sua inter-relação com outros atores também protagonistas. A trajetória de construção dessa modalidade de intervenção e pesquisa passa pelas mesmas questões, vivências e experiências da Psicologia Comunitária, modo de intervenção atual, desenvolvido sobretudo na América Latina, e que se preocupa essencialmente com a prevenção, a compreensão do contexto e do indivíduo no contexto (Costa, 1998).

As concepções desenvolvidas por Moreno (1992), que resultaram na organização teórica – socionomia –, emergiram de seu trabalho comunitário, entre outros, com as crianças nos jardins de Viena (Áustria), com as prostitutas e os refugiados no campo de Mittendorf – Império Austro-Húngaro, durante a Primeira Guerra Mundial. Esses trabalhos demonstram seu objetivo mais amplo de desenvolver uma práxis que pudesse contribuir para as transformações necessárias na vida das pessoas e proporcionar procedimentos efetivos que ajudassem todas as classes e todos os segmentos sociais. Para isso, ele viveu e fez as mais variadas experiências com populações diversificadas. A experiência desse treinamento para a vida permitiu-lhe desenvolver também uma teoria de ação educativa.

A obra de Moreno (1974), criador da Socionomia (*sociu* = grupo, companheiro e *nomus* = regras, lei), mais conhecida como Psicodrama, configura uma compreensão relacional do sujeito, uma teoria e prática do *socius* e do funcionamento social. O autor constrói esse novo olhar para os problemas partindo da visão da Sociologia, da teoria evolucionista de Spencer, dos conceitos de espontaneidade de Bergson, da proposição da revolução social de Marx e da filosofia do encontro de Martin Burber. Adota, ainda, as filosofias do existencialismo e do hassidismo, propondo uma nova fundamentação teórica para compreender e analisar os grupos, as organizações, enfim, a sociedade, e nela intervir, aproximando-a da realidade (Scaffi, 2002).

Moreno faz sua trajetória partindo de uma missão espiritual. Busca, na seqüência, o mundo teatral, chegando ao campo científico via Medicina. Por fim, consolida sua obra construindo formas de compreensão, intervenção e tratamento das pessoas e dos grupos. Seu psicodrama começou a ser conhecido e definido no momento de destaque das dinâmicas e das psicoterapias de grupo – a era dos grupos, período coincidente com a cultura *hippie* e suas propostas de vida comunitária, assim como das comunidades terapêuticas, por ocasião da fusão do psicológico com o social nos anos de 1950 a 1970 (Fonseca, 2000). Moreno *(apud* Fonseca, 2000) procurou alcançar o significado da realidade e do mundo para o sujeito, que é encarado como ator e protagonista de sua própria vivência, cujo fundamento está na valorização de sua inter-relação com outros atores também protagonistas.

Verificamos que a socionomia consiste em uma teoria que ancora a pesquisa social e, mais especificamente, a pesquisa-ação, por ser Moreno (1951) um precursor desse enfoque, com essa denominação, lá pelos anos de 1930 e 1940. Valoriza a inserção do pesquisador integrante do grupo e considera que ele deve incorporar esse grupo e propor maneiras de descrição, em primeiro lugar, e de transformação, num segundo momento. Moreno dizia da importância de não ficarmos atrás do consultório, mas partirmos para o campo, no qual as pessoas e os grupos estão aguardando-nos para ser mais compreendidos ou transformados. Procurou dirigir a atenção da interação para grupos ao oferecer seus serviços numa dimensão reflexiva, educativa e expressiva, ao propor a ação no contexto no qual surge a demanda, e não esperar por sua requisição (Costa, 1998). Propôs a terapia dos grupos utilizando os métodos que revelam a verdade do indivíduo consigo mesmo, com o grupo e dos grupos entre si.

Como Moreno viveu em um mundo regado de muitos legados e movimentos na literatura, na arte, no teatro e em outras tantas formas de expressão do sentir e pensar, inseriu em sua obra a permissão para novas formas de expressão humana, cabíveis tanto para o sofrimento como para as alegrias.

Concebemos a socionomia como uma teoria, filosofia e metodologia ainda pouco conhecida na academia por meio de pesquisas e estudos e no mundo científico em geral. Esse reconhecimento foi o que Moreno (1951) buscou já no final de seu tempo, quando organizou e consolidou sua obra. Cabe a nós, estudiosos de sua proposta, não só fazer "psicodrama" e considerá-lo excelente perspectiva de abordagem e transformação dos grupos, mas certificar e divulgar, mediante pesquisa e estudos, sua validade e seu reconhecimento.

A utilização do "psicodrama" como uma das frutíferas metodologias na promoção da participação social tem sido um modo de redescobri-lo. Assim, percebemos o "psicodrama" brasileiro gestando novas metodologias psicossocioeducacionais e contribuindo para a mobilização, a organização e o desenvolvimento dos grupos, bem como para o planejamento e a concepção de novas políticas sociais, apontando alternativas concretas de resolutividade.

O "psicodrama" brasileiro, representado pela Federação Brasileira de Psicodrama (Febrap), está agora contribuindo para a organização de um congresso internacional da Associação Internacional de Psicoterapia de Grupo (International Association of Group Psychotherapy – IAGP), que acontecerá em julho de 2006. Esse evento faz-nos tornar colaboradores do movimento psicodramático mundial. Estamos trabalhando para o reconhecimento de novos campos da pesquisa e do diálogo das práticas sociais com as demais práticas do conhecimento e para a interação de profissionais de diversas abordagens de grupo nacionais e internacionais. A IAGP foi um dos últimos sonhos de Moreno, que trabalhou intensamente para concretizá-lo, sendo considerada uma proposta de integração da aceitação do diferente e da diversidade.

O Brasil, país de história e matriz de expansão do movimento psicodramático, quer também, por meio do trabalho de seus profissionais, promover transformações sociais mais significativas e amplas, como sonhava Moreno.

4

A teoria
socionômica

O vínculo estreito entre pesquisa e ação é a base da socionomia (Moreno, 1951). Seu interesse maior é pelo estudo do sujeito em situações cotidianas, em seus grupos, suas organizações e
comunidades. Vê-se daí que os problemas e os processos são prio-
ritários em relação aos métodos. Uma preocupação especial com
as instâncias de transformação e mudança, numa ética que vai da
escolha à interação e à participação. Nesse sentido, referimo-nos
a uma ética que está a cargo da transformação do homem e da
realidade social, superando o binômio permissão/interdição.
Uma ética num movimento de mão dupla, em regime de mutualidade, ou seja, em expectativa comum (Almeida, 1991). O movimento espontâneo e a dinâmica criadora contribuem para que a
liberdade individual e as exigências do grupo social encontrem
caminhos conciliadores, formando uma rede de inserção que é o
valor ético da convivência.

Esse referencial teórico-prático de investigação e intervenção coloca a "psiquê em ação" (Moreno, 1972), busca a verdade contextualizada na ação e a complexidade relacional dos
sujeitos, aproximando-os das concepções teóricas e das idéias
pós-modernas.

O objetivo primeiro da socionomia é o desenvolvimento da
espontaneidade e da criatividade para garantir a condição do
amadurecimento, a conquista da autonomia no sentir, perceber,

pensar e agir, possibilitando despertar o ser ético. A ética tem um papel preponderante no exercício do olhar crítico sobre si mesmo e sobre o mundo. Moreno (1992) propõe vivenciar valores sociais, relacionais e experiências para permitir ao sujeito traçar seu projeto existencial e um sentido de vida, como pessoa, cidadão, ser social e ético, pelo exercício da espontaneidade. É dessa relação de compromisso e responsabilidade que um sujeito é agente terapêutico do outro, que espelhamos o homem consciente e que age livremente e assume a autoria de seus atos, reconhecendo-os como seus e respondendo pelas conseqüências.

A movimentação espontânea dos atores sociais em seus átomos sociais visa à produção de subsídios para a compreensão dos processos interativos. Átomo social é o núcleo de relações que se estabelecem em torno de cada indivíduo, isto é, todos os indivíduos com quem uma pessoa se relaciona emocionalmente e vice-versa. Esse núcleo é constituído pela expressão do afeto (amor, desamor) entre as pessoas (Moreno, 1972). A dimensão interativa desses aspectos possibilita o entendimento das relações interpessoais como relações do conjunto de práticas sociais, o funcionamento como geração do conhecimento e a implicação da ressonância dessa construção inserida em todas as intersecções do sistema (Elkaim, 2000).

Portanto, a socionomia, também denominada psicodrama, é uma metodologia adequada para focar a complexidade relacional dos grupos, a singularidade do sujeito, suas configurações afetivas e suas redes de comunicação. Redes sociométricas são cadeias complexas de interação dos átomos sociais (Moreno, 1972), ou seja, a integração entre vários átomos sociais, vias por meio das quais os afetos e desafetos circulam constituindo conjuntos de inter-relações que possibilitam aproximação ou interferências. Essa metodologia de intervenção e pesquisa orienta o trabalho desde a fase exploratória, passando pelo diagnóstico, pela construção do conhecimento, até o tratamento. O átomo social e as redes sociais têm origem nas correntes afetivas e nos processos de atração e repulsão (tele) estabelecidos entre dois ou mais indivíduos. Para Moreno (1972), a interação é o eixo básico para a compreensão do fenômeno tele (percepção correta a distância). O aspecto fundamental é examinar a estrutura grupal em *status nascendi,* em processo: o grupo ou sistema em situação – uma sociologia do momento, lugar e ambiente gerador de ações –, sendo o sujeito e o coordenador do grupo os próprios elementos da investigação. Os participantes do grupo criam situações que são instrumentos de investigação da própria realidade em que estão insertos. Assim, todos – coordenadores (pesquisadores) e sujeitos – são, ao mesmo tempo, investigados e investigadores e instrumentos poderosos para o tratamento dos sintomas comuns vividos por todos os atores sociais. O investigador social, com a adoção de métodos diretos, deve estudar o fenômeno social com base em seu interior. Os organismos vivos (participantes) devem transformar-se em atores verdadeiros que adotem um mesmo critério num ambiente gerador de ações.

Nesse sentido, a socionomia criou possibilidades de pesquisas, como a pesquisa de grupo, a pesquisa métrica e a pesquisa de ação. Todas as ações, todos os significados e sentidos que medeiam a vida pessoal dos indivíduos nos grupos são por esses criados, geridos e transformados.

A socionomia, ciência que explora leis do desenvolvimento social e das relações sociais e se ocupa delas (Moreno, 1992), constitui-se de um conjunto de métodos ou três dimensões complementares: a Sociodinâmica, que estuda a estrutura, a evolução e o funcionamento dos grupos e emprega como método de investigação a *interpretação de papéis* ou *role playing*; a Sociometria, que se ocupa da medida do relacionamento humano e cujo método de investigação é o *teste sociométrico*; e a Sociatria, que tem como objeto o tratamento dos sistemas sociais e utiliza como métodos o *psicodrama,* o *sociodrama,* o *axiodrama* e a *psicoterapia de grupo.* Todas essas dimensões propõem superar a análise individual e subjetiva, buscando a compreensão e a transformação do grupo, pela qual os participantes do grupo social têm oportunidade de descobrir-se no plano afetivo-emocional das interações humanas, e o grupo de constituir-se como grupo próprio (Almeida, 1991). Propõem, ainda, o desenvolvimento e a saúde das relações interpessoais e das redes sociais. A socionomia é considerada um instrumento para o tratamento das síndromes culturais de uma sociedade, cujo objetivo é oferecer possibilidades para a comunidade organizar-se diante de dificuldades comuns, sendo vista como uma socioterapia *in situ* (Fonseca, 2000).

O paradigma psicodramático com suas modalidades de ação tem em sua essência a dinâmica das relações inter e intrapessoais por meio do sistema sociométrico, do teatro espontâneo e da teoria dos papéis. Apresenta-se como um caminho metodológico e facilitador da apreensão do conhecimento. Sua proposta de intervenção, no universo objetivo e subjetivo dos sujeitos e de suas redes sociais, apóia-se na espontaneidade e na criatividade.

O homem é visto por Moreno (1972) como um ser essencialmente social, um homem em relação. Co-criador do universo, uma centelha divina, agente de sua história e construtor de seu drama na convivência de seu átomo social. Concebe o homem, no dizer de Martin (1996), em sua dupla dimensão: individual e relacional. No nível individual, a espontaneidade é o núcleo antropológico. No nível relacional, cria um conceito de grupo – sujeito que se nutre da "tele estrutura" (força inter-relacional, cimento que mantém os grupos unidos). Esse homem, simultaneamente individual e grupal, atua por meio do "eu tangível", ou seja, do papel. A personalidade manifesta-se na conduta por intermédio dos papéis que definem o homem. Com base na observação do desempenho de papéis dos atores espontâneos em situação, Moreno preconiza o treinamento da espontaneidade, que difere do espontaneísmo, caminho equivocado da criatividade (Fonseca, 2000).

Segundo Moreno (1972), certo grau de imprevisibilidade dos eventos futuros é uma premissa em que se assenta a idéia do fator "e" – espontaneidade. Quanto maior for a probabilidade de repetição e regulação de determinados eventos, menor será a probabilidade de que surja a espontaneidade. O pressuposto é que, quanto maior o número de novas situações, maior a probabilidade de o indivíduo produzir uma quantidade de respostas originais. Espontaneidade e criatividade são pedras angulares do sistema sociométrico. Não são processos idênticos, embora estejam vinculados entre si. A espontaneidade é o catalisador psíquico; a criatividade, a substância que capacita o sujeito a agir. São a condição e a disposição do sujeito que o incitam a tirar partido de uma situação nova ou a reagir de maneira original ante uma situação antiga. São uma capacidade do sujeito de enfrentar adequadamente cada nova situação. A espontaneidade e a criatividade são resultantes da interação entre os sujeitos, sendo constantemente modificadas por fatores individuais e coletivos (estados de espontaneidade). A proposta prioritária é a da adequação, compreendida pelo autor como ajustamento do homem a si mesmo. A espontaneidade e a criatividade conferem dinamismo às construções culturais, asseguram a sobrevivência social e coletiva rompendo com as "conservas culturais" e facilitando as transformações da realidade social.

O fator "e" só pode efetivar-se e ser observável por meio da ação expressa pela forma de atuação do sujeito, isto é, pelo papel. O desempenho de papéis é anterior ao surgimento do ego. Os papéis não decorrem do eu, mas o eu pode emergir deles. O desempenho de papéis representa os graus de liberdade de cada ator, podendo ser atribuído à operação de um fator "e" (Moreno, 1972).

De acordo com a teoria da espontaneidade, o autor concebe o desenvolvimento humano pela matriz de identidade, berço biopsicossociocósmico da criança. Ele ressalta que o bebê não é lançado ao mundo sem sua participação. Ele exerce papel fundamental no ato de nascer. O primeiro lugar de desenvolvimento e assimilação dos papéis é "a matriz de identidade", que, para o autor, é a placenta social da criança, o *locus* em que mergulha suas raízes. No momento do nascer, a matriz de identidade é o universo inteiro da criança, a existência é única e total. Nessa perspectiva, a família e tudo o mais que a rodeia, virtual e concretamente, é a matriz de identidade do indivíduo. Lugar preexistente modificado pelo nascimento do sujeito, constituído por fatores materiais, sociais e psicológicos, ponto de partida para seu processo de definição como indivíduo. "Numa filosofia do momento, três fatores devem ser enfatizados: o *locus*, o *status nascendi* e a matriz. Representam três ângulos do mesmo processo" (p. 105). Nesse processo relacional, o homem forma sua personalidade, relaciona-se por intermédio de papéis, estrutura vínculos e libera espontaneidade em espaços de criatividade. O desenvolvimento do bebê dá-se, inicialmente, por meio dos papéis psicossomáticos, de suas primeiras relações com o ambiente; pelos papéis sociais que representam seus registros psicossociológicos e, por fim, pelos papéis psicológicos ou psicodramáticos que contêm as vivências do imaginário e da fantasia.

O conceito de papel, segundo a teoria socionômica, é um dos conceitos centrais e será norteador no presente trabalho, uma vez que sua abrangência é a formação de multiplicadores. Supõe-se um grupo em interação com a perspectiva de desenvolvimento de um papel na disponibilidade de colaborar na organização de outro grupo, que é a família com seus papéis.

Papel, de acordo com Moreno (1972, p. 206), "são as formas reais e tangíveis que o 'eu' adota", ou as formas de funcionamento que, para o sujeito, assumem importância específica na interação com outros sujeitos. Papel é uma experiência interpessoal que só pode ser vivida e observada na relação. É uma fusão de elementos privados e coletivos que se compõem de duas partes: o diferencial individual e o denominador coletivo. Portanto, tem uma manifestação e uma expressividade corporal, tornando-se uma ponte constante entre o individual e o coletivo. Determinados papéis podem estar bem desenvolvidos e outros encon-

O AGENTE SOCIAL QUE TRANSFORMA   43

trar-se em desenvolvimento. Nosso foco no presente trabalho é construir um método de abordagem às famílias acompanhadas pelos Conselhos Tutelares e, nesse contexto de construção, pretendemos saber se é possível desenvolver a dimensão de multiplicador do papel de conselheiros. Esse papel só poderá atualizar-se na interação dos participantes do grupo com seus pares e complementares e em situações implicadas nessa questão. "Os papéis representam as bases vinculares do relacionamento humano" (Fonseca, 2000, p. 131) e são construídos mediante a interação mãe–filho baseada na complementaridade dos dois. A inter-relação dos papéis polariza-se no papel, contrapapel ou papel e seu complementar. A polarização torna-se múltipla porque cada indivíduo desempenha vários papéis (Martin, 1996). Por seu caráter social e relacional, o papel exerce importante função como meio de comunicação entre pessoas. Essa comunicabilidade, qualidade básica do papel, afeta a compreensão interindividual e intercultural. Essa implicação vai produzir o átomo cultural.

Ao estudar o sujeito em relação – manifestação que aflora nos indivíduos ou na "relação entre" ou "inter-relação" –, Moreno pretendia fazer de cada homem um ser criador (Martin, 1996) e, para isso, cunhou o termo *espontaneidade*. Visando explicar a relação entre os homens, trouxe o termo *tele*, conhecido como o segundo grande eixo de sua teoria. Percebeu que a atuação espontânea dos protagonistas produzia um efeito curativo ou catártico e manifestava-se da força inter-relacional dos atores positiva, negativa ou indiferente.

Na concepção sociopsicodramática, o fenômeno *tele* (do grego: distante, agindo a distância) "refere-se à correta percepção, apreensão ou captação em duplo sentido da experiência relacional entre duas ou mais pessoas" (Fonseca, 2000, p. 131). Só pode ser examinado por meio da estrutura grupal em *status nascendi* no momento em que seus membros estão interagindo, desempenhando papéis. O grupo, ou sistema em situação, é uma elucidação do fenômeno social tal como vivido em seu interior pelos organismos vivos que dele participam. O "aqui e agora" de Moreno (1975) é um conceito filosófico que implica o tempo presente, passado e futuro com todos os elementos vivos e não vivos, um ecossistema.

O autor (1992) aponta que alguns indivíduos possuem a respeito do outro uma sensibilidade, parecem ligados por uma alma comum. Quando se animam e liberam sua espontaneidade, estabelece-se entre eles uma espécie de acordo afetivo ou uma série de escolhas que resultam em atração, repulsa e indiferença, que freqüentemente não podem ser atribuídas ao simbolismo verbal. A essa percepção correta a distância Moreno chamou de *tele*, uma noção social diretamente ligada à estrutura do átomo social. O átomo social constitui redes autênticas de relações dotadas de vida e energia real que adquirem formas diferentes em extensão, composição e duração.

Ultrapassando, portanto, os limites pessoais, o fator *tele* cria canais de comunicação, os quais expressam opiniões, normas, rumores e sentimentos que circulam num grupo ou numa sociedade, formando, assim, as redes sociais que vão configurando-se com base nos átomos sociais. Algumas partes dos átomos sociais limitam-se aos atores que participam deles, enquanto outras relacionam-se com outras partes de outros átomos sociais, formando cadeias complexas de inter-relações, que são as redes sociométricas. Os sociogramas (sistematização das correntes psicológicas e das eleições dos sujeitos) revelam tais redes (Martin, 1996).

Contudo, não podemos perder de vista que, ao desenvolvermos as noções de autonomia e de auto-referência, aspectos importantes para a dimensão de multiplicadores do papel de conselheiro (CT), estamos exercitando a auto e a hetero-reflexão no sentido de vermos a nós mesmos por meio do olhar dos outros. Esses aspectos estão implicados na noção de *tele*, são estimulados a desenvolver-se na interação e, conseqüentemente, estimulam as relações e as associações estáveis por explicitar as fermentações do contexto. Desse modo, possibilitam aos sujeitos tornarem-se responsáveis por suas idéias, emoções, seus valores e pela conseqüência deles no contexto, na mudança de atitude, na posição ética de respeito e pela confirmação das diversas construções possíveis da realidade.

Ao estudar e compreender a movimentação dos grupos, vistos como átomos sociais, Moreno (1992) procedeu a distinções no universo social e deixou-nos a tricotomia social, "ressaltando que a humanidade é constituída por uma rede de relações aparentes e subjacentes em interação" (Fonseca, 2000, p. 195), que se desdobra em três movimentos:

- *sociedade externa*: é a descrição da coletividade. Compõe-se de grupos visíveis, aparentes e observáveis. Está constituída por todos os grupos legalmente conhecidos como legítimos ou rechaçados;
- *matriz sociométrica*: é a sede das alterações dinâmicas, das motivações internas e do fluxo de sentimento (*tele*) presente no interior dos átomos sociais, e compondo-se de diversas constelações em funcionamento. É a estrutura sociométrica invisível. Para descobri-la, é necessário usar estratégias sociométricas;
- *realidade social*: é a síntese e a interpenetração dinâmica da sociedade externa e da matriz sociométrica. Da oposição dialética entre essas duas forças, nasce o processo real da vida social.

Conhece-se, aí, o potencial espontâneo-criativo do grupo. Sabe-se qual sistema de valores os sujeitos escolhem e pretendem incorporar em suas atitudes. Esses critérios, diferentes para cada grupo e cultura, respondem pela sustentabilidade do sistema. Portanto, a interação grupal revela sua estrutura, a qualidade da relação entre seus participantes e as correntes psicológicas que compõem as redes de relações e como são vividos e desempenhados os papéis sociais e psicodramáticos.

Percebemos, conforme essas definições, que a socionomia possibilita a investigação sociológica dos sujeitos criadores da história; sujeitos que, por um ato de decisão, podem realizar seus desejos, sujeitos que são verdadeiros autores e atores de transformações nos e dos sistemas sociais, capazes de tornar-se os principais agentes de suas próprias evoluções e de seus grupos e suas organizações. Ela nos permite, ainda, questionar as formas dominantes de críticas que nos impulsionam a uma reordenação do pensamento científico para atender a um paradigma emergente, no qual a patologia individual não pode ser separada dos processos da comunicação: o cientista nunca é independente do mundo observado. Nossas formulações da realidade são guiadas e limitadas pelos sistemas de linguagem nos quais vivemos; nós geramos as convenções do discurso tanto na ciência como na vida cotidiana (Fruggeri, 1998).

Moreno deixa claro que os conceitos de espontaneidade (dimensão individual) e de *tele* (projeção social) são os conceitos essenciais de sua obra. Embora constatemos a teoria psicodramática como uma unidade em que cada conceito se relaciona com outro e todos com um (Fonseca, 2000), destacamos como mais relevante para este trabalho a dimensão relacional, grupal, sociométrica e metodológica. Acreditamos que a fluência espontânea na movimentação do grupo, ao possibilitar a cada um ver-se tendo como referência o outro e ampliar a compreensão da realidade na qual os sujeitos estão insertos, seja mais importante do que a resolução de conflitos ou resultados. Cabe ao coordenador do grupo abrir canais de espontaneidade.

5

Sociodrama – perspectiva teórica e metodológica

Vimos que a socionomia se desdobra numa abordagem teórico-metodológica em Ciências Humanas e Sociais e oferece caminhos para a pesquisa e a prática profissional por meio de seus métodos. Atua em diferentes campos do saber, do relacional e do fazer, nos quais existam atores sociais e não espectadores. Seu foco está na compreensão, transformação e co-construção do sensível como campo de impressão e expressão, portanto, do cuidado com a pessoa.

Como destacamos, o sociodrama insere-se na socionomia como um dos métodos de tratamento dos grupos (sociatria). Sociodrama é um método psicopedagógico de trabalho com grupos que facilita a aprendizagem de papéis, idéias, conceitos e atitudes por meio da vivência sociopedagógica. Ele se apóia na ação e no conceito de espontaneidade, que são concebidos como resposta própria do indivíduo adequado às relações de seu contexto social. Tem uma proposta de transformação nos indivíduos e sistemas sociais. "O verdadeiro sujeito do sociodrama é o grupo. Baseia-se na suposição tácita de que o grupo, formado pelo público, já está organizado pelos papéis sociais e culturais que, até certo ponto, todos os membros da mesma cultura partilham" (Moreno, 1951/1992, p. 188).

Método, para Moreno (1972, p. 415), compreende uma ação profunda e tem o sociodrama como instrumento, pois pode "tanto explorar os conflitos que surgiram entre duas ordens culturais distintas e, ao mesmo tempo, pela mesma ação, empreender a mudança de atitude dos membros de uma cultura a respeito dos membros da outra". Para o autor, o método é um projeto não fragmentado e a obra está toda contida nele. Concebe o homem como um conjunto de átomos culturais compostos de todos os papéis que o integram. Portanto, o ser humano, em seus aspectos multifacetados e em seus modos de vincular, apresenta concomitante e co-implicitamente em cada um de seus atos e na assunção de cada novo papel ou no desenvolvimento dos papéis um processo de concepção para um novo momento e uma diferente realização. Assim, cada fragmento desse momento, como todo o processo, tanto no sentido horizontal como vertical da aprendizagem, passa por três etapas que podem ser enfatizadas como três ângulos do mesmo processo: o *locus nascendi*, o *status nascendi* e a matriz *nascendi*. Esses aspectos configuram o que o autor chamou de "Filosofia do Momento". Assim, a formação do conselheiro multiplicador abrangerá essas três etapas, considerando a metodologia sociodramática: aquecimento, ação dramática e compartilhamento.

O sociodrama como método de tratamento possibilita enfrentar a complexidade da realidade por promover o envolvimento de todos os atores sociais (famílias, conselheiros, pesquisadores) de forma presencial – a microrrealidade e a comunidade, organizações sociais, institucionais, mediante a macrorrealidade contida nas referências dos participantes (contexto social). Favorece também a mobilização popular, a transformação de conceitos, a construção de serviços alternativos por ser considerado um suporte clínico-educativo, uma clínica social, uma socioterapia *in loco*, uma vez que promove intervenções psicossociais com a perspectiva de confirmação e ampliação da competência e das estratégias construídas pelo grupo. Todos participam da construção, confirmando o pensamento de Santos (1998): "Todo conhecimento é autoconhecimento" (p. 50).

Uma ótica com efeito de caleidoscópio, assim é o sociodrama. Dessa forma, o mundo vivido pelos protagonistas no cenário dramático consiste em movimentos, deslocamentos, cenas visíveis e invisíveis, história, improvisações e as mais diferentes emoções que são legítimas para cada um e expressas formando novas configurações. Essa expressão exige, pois, um código de ética – lugar-tempo-espaço – diferenciado e construído para esses atores. Esse código implica agir para o bem comum e escolher sem restrição seu modo de existir. Contraria e desmistifica, pois, o paradigma estético vigente que favorece a ordem social excludente e a responsabilização por sua própria existência. Portanto, a ética como estética da existência deve ser regulada pelo princípio da comunidade, isto é, da mutualidade em vez do poder desigual, como arte de dar-receber e que acolhe a multiplicidade (Sawaia, 1999).

A inclusão de todos os participantes (o grupo), o desenvolvimento da co-responsabilidade diante do que foi criado e construído pelo grupo, a reinserção social na rede sociométrica, a mudança de atitude, a aprendizagem relacional e a aprendizagem de novos papéis e conceitos, a experimentação do lugar do outro, a tomada de decisão conjunta e a criação de modos alternativos de resolução de problemas, esses são os propósitos do sociodrama. Ele é, pois, um método de intervenção na comunidade, nas organizações e instituições por dar conta da diversidade e da intensidade dos problemas que surgem na interação de um grupo em transformação. Essa prática interventiva, calcada no momento vivido no aqui e agora, proporciona aos membros do grupo oportunizar seus conhecimentos, valorizá-los e confirmá-los. Com base nos jogos psicodramáticos, na montagem de imagens, na dramatização ou na psiquê em ação, os atores sociais, protagonistas, contam suas histórias, fazem suas narrativas numa perspectiva de desenvolver sua espontaneidade e criatividade, abrindo caminhos ao darem respostas originais a situações velhas ou novas no enfrentamento de seus problemas e com propostas de solução. Assim, todas as dimensões do sujeito têm novas oportunidades na interação mediante o desempenho de papéis.

Ao construírem suas cenas na ação dramática, montarem imagens que expressam seus sentimentos, sensações e pensamentos, e ao desempenharem os mais diversos papéis, os protagonistas do sociodrama, atores sociais, estão representando ou contando suas histórias no presente. Essa reapresentação reflete a redescrição de quem conta e a reexplicação da experiência em resposta ao não-saber do profissional, daquele que coordena os trabalhos.

As imagens plásticas e as cenas são consideradas uma prática que referenda a teoria e a metodologia sociopsicodramática, uma vez que facilita aos participantes entrar em uma situação que é a própria extensão da vida e da atuação, com a possibilidade de contato com as questões e os problemas não resolvidos em um contexto social mais livre, amplo e flexível. A ação dramática produtora de atos criadores resulta por si só em uma mudança daquele que dela participa, porque amplia a compreensão dos papéis complementares, inverte papéis e busca a assunção criativa do próprio papel. No espaço do "como se" – universo que tenta indicar a realidade por meio do imaginário dramaticamente representado (Menegazzo, Tomasini e Zuretti, 1995) – o grupo pode investigar e experienciar as impressões subjetivas e os sentimentos que dizem respeito ao papel de cada um, ao lugar que cada um ocupa no grupo e ao funcionamento do grupo e da realidade social, como isso intervém em seu comportamento, como se dão e estruturam-se os vínculos e a relação de complementaridade com seus pares, percebendo as redes de comunicação presentes nessas relações e que representação social que elas têm para esse grupo. Mediante essas vivências, na experiência que estamos descrevendo, os indicadores para a construção do conhecimento metodológico foram explicitados e pudemos, então, reunir as informações e contribuições do grupo.

Esse método de manejo de grupo pode ser utilizado em todos os campos do saber e em todas as áreas de aplicação, como educacional, social, saúde, empresas, organizações, comunicação e tantas outras. Embora sua aplicação seja mais constante no foco socioeducacional, para a Federação Brasileira de Psicodrama (Febrap) é compreendido como todas as aplicações não psicoterápicas; é também utilizado em psicoterapia. Tem como protagonista o grupo, por considerá-lo o foco da ação. Assim, todos os participantes são convertidos de espectadores para atores de seu próprio drama (Moreno, 1972).

No sociodrama, trabalhamos com os conteúdos sociodinâmicos, objetos da educação não só no sentido da educação formal (ensino), mas como um meio de continuidade social, de mudança, de transformação. Por isso, o trabalho sociodramático constitui uma ação terapêutica, na qual estão incluídos o relacional e o fazer, vistos como ação que gera aprendizagem de atos e conteúdos. Os atos são criados pelos sujeitos em situação, tal qual eles surgem. Nesse sentido, o objetivo da pedagogia moreniana é permitir um ambiente relaxado, isto é, a expressão dos estados de espontaneidade (sentimentos, sensações, impressões, pensamentos) para que a aprendizagem seja plena. Essa atuação espontânea do grupo por meio da ação promove um efeito catártico ou curativo. Ao ver expressos na ação seus sentimentos, seus pensamentos, suas imaginações, pode ter a clareza da necessidade de reformulações ou a constatação de uma satisfação que promove mudanças.

A relação é fator preponderante na educação; devemos, pois, considerar no sociodrama a relação dos participantes entre si, dos participantes com o coordenador do grupo e dos participantes com o conteúdo a ser apreendido. Esse conteúdo pode ser um novo papel, conceito, uma nova idéia ou atitude.

O trabalho sociodramático tem em sua ideologia a ação (relação fazer) como ferramenta do conhecimento e da intervenção. Constrói-se na interação, e esta é mediada por símbolos e artefatos produzidos culturalmente (Moreno, 1972), ou seja, imagens, montagens e fantasias, que são expressas por desenhos, recortes, sucatas etc. Podemos dizer, então, que duas conseqüências se impõem aos trabalhadores de grupo: conhecer o contexto local (o grupo em situação, sua estrutura, seu funcionamento, seus conteúdos sociodinâmicos) e contribuir para a construção e a co-construção de novos significados e narrativas.

Ação, para Moreno, implica uma comunicação espontânea e visa à transferência de estados de espontaneidade de uma pessoa a outra. Fazemos e aprendemos coisas porque estamos em estados de medo, amor, excitação, entre outros. O trabalho realizado com e em grupo é um importante momento de desenvolvimento da espontaneidade. O grupo em interação, em fermentação desses estados, é um espaço-tempo do ato criativo, uma arte da espontaneidade. Ele habilita os protagonistas em ação a criar constantemente.

O procedimento sociodramático consiste não apenas no "fazer", mas na relação e no processo dialético dos estados espontâneos que incluem o fazer, a movimentação e a relação. Ao tomar consciência de seu fazer expresso na relação, o protagonista avança no conhecimento de si mesmo, do outro e do movimento grupal. Portanto, o procedimento sociodramático conjuga terapia e ação, sendo uma delas parte integrante da outra.

Segundo Moreno (1972), ação espontânea e criativa promove a aprendizagem que está intimamente vinculada aos atos, e estes se baseiam em necessidades. Desse modo, ação não se confunde com controle social. Ela será sempre considerada um parâmetro organizador que nos dá a referência real da situação do grupo, e os participantes sempre serão vistos como agentes transformadores da realidade. No sociodrama, podemos realizar o estudo dos papéis de forma ampla e diversa e, para o autor, é possível educar e curar por meio deles. Considera essa aprendizagem superior à que a própria vida pode oferecer, principalmente quando o indivíduo está em período de formação. Moreno (*apud* Martin, 1996, p. 224) diz que "a interpretação de papéis pode ser empregada como método de exploração de mundos desconhecidos e para ampliar o âmbito do próprio eu". Talvez seja o método por excelência para enfrentar situações novas e resolvê-las.

Na vivência do sociodrama, um dos papéis dos participantes destaca-se para ser trabalhado. Esse papel (por exemplo, o de conselheiro e seu complementar, a família) em questão corresponde aos objetivos, às finalidades e aos critérios pelos quais o grupo se reúne e se configura como elemento organizador das necessidades do grupo. Esse papel organizador ou o que motivou a participação do grupo, ele e somente ele, tem a permissão para ser trabalhado. Em um sociodrama não podemos avançar para outros papéis dos participantes que não tiveram permissão para ter acesso no aqui e agora daquela situação. Por exemplo, não posso ter acesso ao papel de pai do conselheiro tutelar naquele contexto.

Sabemos, porém, que, ao considerarmos a pessoa como um feixe de papéis, não podemos tomar a construção de um papel como um evento isolado e inédito. Cada papel relaciona-se aos outros adotados ao longo do processo de desenvolvimento da pessoa na sociedade. Os papéis, cujas dinâmicas são semelhantes, compõem um agrupamento ou "cacho", tomando formas de atuação idênticas. Quando trabalhamos com um papel de um desses agrupamentos, os demais papéis são organizados concomitantemente, o que nos permite dizer que o papel destacado ou o que expressa a demanda do sociodrama será o papel organizador dos demais, da atuação do sujeito como ator social (ser no mundo). Portanto, o desempenho de papéis serve como método na educação terapêutica e consideramos o sociodrama uma socioterapia.

Para Moreno (1972), o grupo deve ser conduzido de modo que se manifeste a "interpsique" de todos os membros em forma de representação, exteriorizando suas telerrelações e seus estados co-conscientes e co-inconscientes. Esses estados são aqueles que os sujeitos experimentaram e produziram conjuntamente e depois só poderão ser representados e produzidos também no conjunto. Um estado co-consciente ou co-inconsciente não pode ser propriedade de um único indivíduo e, portanto, não poderá reproduzir sozinho tais episódios. O grupo é a matriz da aprendizagem e do conhecimento, e todos são responsáveis pelos vínculos e papéis que vão sendo desenhados na interação. O construir juntos exige uma troca de experiência, um respeito mútuo pelo saber do outro e uma possibilidade de aceitação das formas de expressão.

No sociodrama, as pessoas são levadas a investigar e experienciar como se sentem ao receber uma nova informação e ao avaliar as impressões subjetivas e os sentimentos que têm a esse respeito. Ele propõe, ainda, que se represente o papel de agente social de mudança e desempenhe a maneira de proceder que julgue mais próxima da vida real para a transmissão cultural e social desse papel, dos novos atos e conteúdos contidos na complementaridade dos papéis e da orientação e formulação de estratégias. Esse método também possibilita revelar a verdade do grupo, seus comportamentos, as correntes de idéias que regulam as relações e a estrutura do grupo como organização.

O treinamento da espontaneidade é um modo imprescindível a qualquer programa que vise modificar o comportamento das pessoas no sentido do compromisso com novas aprendizagens para os relacionamentos interpessoais. Em uma ação espontânea, estão contidos todos os elementos necessários para que se efetive a aprendizagem: os emocionais, os sociais e os cognitivos, interagindo com os elementos simbólicos adquiridos na vivência cultural.

O sociodrama cria um espaço para o desempenho espontâneo de papéis, possibilitando desvendar as determinações culturais de um grupo, suas redes sociais e a tomada de consciência da situação e da condição de cada participante em certo contexto social. Todo novo momento do grupo vivido pelos participantes, por ocasião da assunção ou do desenvolvimento de um papel, implica uma revivência do caos, próprio da concepção ou do nascimento de uma nova etapa de evolução do grupo. Mesmo que os participantes já se conheçam, não ficam isentos de passar por esse período de caos. Formas, estruturas e configurações iné-

O AGENTE SOCIAL QUE TRANSFORMA   **55**

ditas serão estabelecidas, portanto, o grupo terá sempre de recuar para avançar, ou melhor, viver todas as etapas como aquecimento, dramatização e fechamento.

No sociodrama, não há um *script* previamente estabelecido, embora existam duas modalidades de aplicação. Um sociodrama pode nascer da demanda do grupo e o tema a ser trabalhado emergirá daquele momento com aqueles participantes. Se estivéssemos com outro grupo certamente a interação grupal desenharia outro tema.

Na outra modalidade, o sociodrama tematizado, como é o caso da experiência que apresentaremos aqui, o tema, que é a demanda do grupo, já está definido. No entanto, embora definido o tema, não existe *script* pronto. Tudo o mais que acontecer a partir daí será por conta e risco da interação grupal.

O procedimento sociodramático pode compor-se de um único ato, com início, meio e fim, podendo estender-se em outros encontros, segundo o contrato estabelecido com o grupo. Compõe-se de três etapas:

- *Aquecimento*: é a primeira etapa de toda sessão sociopsicodramática. É um conjunto de procedimentos que está a serviço da apreensão do clima afetivo-emocional do grupo ou de um organismo no preparo para a ação. É feito pela ativação de mecanismos ou iniciadores físicos, mentais, sociais, visando à preparação de um clima de proximidade favorecedor da dramatização propriamente dita. Suscita estados de espontaneidade, favorecendo o desempenho espontâneo e criativo dos papéis. Ainda no espaço do processo de aquecimento, percebemos que este se manifesta em toda e qualquer expressão do organismo vivo, na medida em que se empenha no sentido de uma ação (ato), possuindo esta uma expressão somática, uma expressão psicológica e uma expressão social (Moreno, 1972). O diretor apresenta ao grupo sua metodologia de trabalho auxiliando-o a vivenciar momentos de integração e preparando para o desempenho dos papéis sociais.

- *Dramatização*: é a segunda etapa da sessão. É considerada núcleo do sociodrama, caracterizando-o. São as cenas vividas ou as imagens plásticas representadas pelo protagonista que, no sociodrama, é o grupo. A ação dramática é o processo em si e o desenvolvimento dos opostos conflitantes, o processo dialético, pois em seu desdobramento cada momento remete sempre a uma situação anterior que está gerando a posterior. É uma força que parte de um ponto e dirige-se a outro durante a representação, no próprio encadeamento dessas unidades de opostos (Menegazzo, Tomasini e Zuretti, 1995). Visa propiciar o reconhecimento dos papéis idealizados, os quais vêm evitando ou desempenhando de forma disfuncional para, a partir daí, encontrar um modo inovador ou renovador de lidar e interagir com eles nas situações cotidianas. Os papéis psicodramáticos dos membros do grupo interagem emergindo os conflitos e as situações dialéticas. O grupo vive uma experiência dramática possibilitando a catarse coletiva.

- *Comentários ou fechamento* (*sharing*): é a terceira etapa e ocorre no encerramento da sessão. Solicita-se aos integrantes do grupo que compartilhem suas próprias vivências, experiências, papéis ou cenas que cada um mobilizou e reatualizou em ressonância com o que aconteceu no cenário dramático. É essa etapa que possibilita a expressão, fundamentalmente afetiva, da caixa de ressonância grupal. É o momento do compartilhamento das experiências vividas e da integração do conhecimento.

Ainda devemos levar em conta três contextos: social, grupal e dramático, e os cinco instrumentos: protagonista, diretor (coordenador do grupo), egos-auxiliares, cenário e platéia. Abordarei os contextos e instrumentos no próximo capítulo, no qual descreverei uma experiência de sociodrama.

6

O sociodrama e a pesquisa-ação: uma conexão possível?

Demo (2001, p. 10) considera que a pesquisa é o "diálogo inteligente e crítico com a realidade, tomando como referência o fato de o sujeito nunca dar conta da realidade e o objeto ser sempre também um objeto-sujeito".

Segundo Thiollent (2000), o principal aspecto da pesquisa-ação consiste na existência de uma ampla e explícita interação entre os pesquisadores e as pessoas envolvidas na situação investigada. É nessa interação que surgem os problemas a serem investigados, considerando-se a situação social. Assim, a ação não constitui um fim em si mesmo, mas uma possibilidade de ampliar o conhecimento e a consciência dos participantes. Permite que os limites sejam transformados em desafios (Demo, 2001), uma vez que profundidade, envolvimento e participação, entre outros aspectos, estão presentes nessa interação. Para Barbier (2002) e Thiollent (2000), a produção do conhecimento não está desvinculada de uma prática que leve em consideração os interesses dos participantes.

Barbier (2002) mostra um novo enfoque da pesquisa-ação, que conjuga o vir a ser humano e considera a participação e o aspecto político que ele denomina de existencial, pessoal, comunitário e transpessoal. Ele destaca a intuição, a criação, a improvisação e a congruência no conhecimento da realidade. Não há um *script* assegurado previamente, tal como no sociodrama. Só existe a crença no desenvolvimento humano e grupal por meio da criatividade e da espontaneidade no relacionar e transformar a realidade, por ocasião da resolução dos problemas. Segundo o autor, a pesquisa-ação é vista como um método que reconhece que o problema nasce num contexto preciso de um grupo em crise. O pesquisador não o provoca, mas constata-o, e seu papel consiste em ajudar a coletividade na tomada de consciência dos atores em relação ao problema numa ação coletiva. Simples, o processo desenrola-se num tempo relativamente curto e os membros do grupo tornam-se íntimos colaboradores. Utiliza os instrumentos tradicionais da pesquisa em Ciências Sociais, mas adota ou inventa outros novos e está mais integrado à psicossociologia clínica e à etnografia de campo.

A pesquisa-ação, que teve seus postulados sustentados pela teoria de Kurt Lewin, enfatiza a decisão do grupo como técnica da mudança social (Barbier, 2002). Postula, no presente, um princípio de ação social conduzida por uma verdadeira democratização. Os pesquisadores podem fazer a pesquisa por si mesmos nos locais de sua atividade. A noção de prática mostra uma ação informada e implicada, e está associada a uma estratégia. O objetivo da pesquisa é a elaboração da dialética da ação num processo único de reconstrução racional pelo ator social.

Várias dimensões da pesquisa-ação são consideradas e, aqui, realçamos as dimensões participativas e políticas emancipatórias que implicam três pontos essenciais: pressupõe-se que os pesquisadores técnicos percebam o processo educativo como um objeto passível de pesquisa, que eles entendam a natureza social e as conseqüências da reforma em curso, e, enfim, que compreendam a pesquisa como uma atividade social e política, portanto, ideológica (Barbier, 2002, p. 60).

A proposta da pesquisa-ação privilegia a análise das diferentes formas de ação, nas quais os aspectos estruturais da realidade social estão presentes. Considera sempre ação manifesta num conjunto de relações sociais, sendo a interação geradora de conhecimento e o pesquisador um observador-participante. A observação e a ação são a locomotiva que nos permite progredir na descrição de situações concretas, emergentes e sociopolíticas, possibilitando o conhecimento do real.

No entendimento da pesquisa-ação está incluído o conceito de "implicação". Barbier (1994) compreende esse conceito como o engajamento pessoal e coletivo do pesquisador, estando sua práxis implicada nos níveis psicoafetivo, histórico-existencial e estrutural-profissional. Os diferentes níveis de implicação interpenetram-se e agem um sobre o outro, formando um sistema de ação latente ou manifesta, com os atores sociais implicados no contexto.

No âmbito das Ciências Sociais aplicadas, a socionomia valoriza essas formas de criação do saber. Todas essas formas de produção do saber encerram, segundo Demo (1999), uma qualidade política. O momento de co-construção só pode ser compreendido como fenômeno social porque fazemos parte dele, num processo de vivência histórica. A vivência no sociodrama possibilita-nos reconhecer a função construtiva e educativa da socionomia, que é, ao mesmo tempo, intervenção e pesquisa. São partes de um mesmo procedimento e ato histórico, no qual se constrói e inventa por meio de trocas, na própria ação. Consiste, ao mesmo tempo, em formular o sentido e fazê-lo acontecer. Podemos, então, afirmar que o procedimento sociodramático ou de base socionômica é uma intervenção clínica de natureza social com a finalidade de construção social. Uma socioterapia?

O sociodrama tem uma proposta de investigação oriunda da concepção de pesquisa articulada a uma ação educativa, gerando um espaço de construção de novos significados na complementaridade da relação. A relação entre conhecimento e ação está também no centro da problemática da pesquisa-ação.

O compromisso dos atores com a construção (processo de educação e pesquisa-ação vividas no sociodrama) não pode ser, de acordo com Freire (1993), um ato passivo, mas uma práxis-ação e reflexão sobre a realidade. A educação é um ato político, sendo entendida como o impulso da transformação social e política, por ser essencialmente um ato de conhecimento e conscientização. Ao fazermos o trabalho de conscientização, atuamos atendendo à proposta sociopsicodramática de colocar a psiquê em ação e trazer a verdade por meio da prática reflexiva, desencadeando uma ação mobilizadora para outras descobertas e reunindo saberes populares e científicos em uma autocomposição grupal que pode ser traduzida em intervenção e pesquisa.

Nessa perspectiva, construir um conhecimento metodológico que seja multidimensional e contextualizado na interação ética é a possibilidade de ampliação da compreensão dos olhares e dos conhecimentos da realidade que se faz na participação e no envolvimento de todos os participantes, os quais têm voz, manifestam-se, são ouvidos, considerados e respeitados. O movimento dessas manifestações é a interação do grupo, principal instrumento de trabalho do sociodrama. Como na metáfora do caleidoscópio, tais manifestações vão fermentando-se em um processo dinâmico com formas, cores e configurações diferentes e diversas, resultando em novas construções pelo desenvolvimento da espontaneidade e da criatividade no exercício de papéis.

Assim como a pesquisa-ação, a socionomia, por meio do sociodrama (método de tratamento dos grupos), privilegia o estudo das interações entre os membros do grupo, da família ou da organização, chamando a atenção para a imbricação dos processos individuais e sociais em toda e qualquer situação. A mudança social ocorre por intermédio do indivíduo com implicações éticas no que diz respeito à responsabilidade de cada um, uma vez que os indivíduos relacionam-se via papéis desempenhados com seus pares ou complementares, definindo o lugar de cada um na relação. É dessa interação via papéis que o sujeito constrói o conhecimento, distingue a realidade perante certa concepção do que ela seja, organiza-se ao mesmo tempo que ordena e articula sua realidade, na perspectiva de abranger, simultaneamente, uma dimensão do sujeito em sua subjetividade e seus papéis sociais vividos no contexto.

O sociodrama tem como proposta a aprendizagem da participação social e o exercício da criatividade por meio do movimento, da ação, confirmando os recursos internos de cada membro do grupo, tal qual a teoria sistêmica, quando trabalha para o resgate da competência de cada membro do sistema. É o momento de assumir a responsabilidade por suas escolhas, possibilitando mudanças. Os sistemas possuem uma força interna que mobiliza sua auto-organização.

Combinar intervenção e pesquisa, tal qual no sociodrama, é criar "estratégias de ação" (Morin, 2000) para novas abordagens de conhecimento da realidade. É criar metodologias de intervenção que abarquem ingredientes, como teoria, método e criatividade expressos por uma linguagem que é da instituição, mas também é interna, é o ato da busca de si mesmo. Conversar consigo mesmo e/ou com os outros com a finalidade de construir a realidade via papéis. O processo de interação grupal sugere intervenções em diversos níveis, integradas a um projeto de pesquisa, juntando várias orientações teóricas sem negligenciar o contexto local, global e ainda o conjunto das situações que dão emergência ao fenômeno pesquisado. Nesse sentido, a socionomia trabalha em nome de uma "política do sujeito" (Demo, 1999), facilitando a promoção de novos processos constituintes. Nessa nova concepção de que somos co-responsáveis, deixamos o papel de espectadores para sermos atores e co-construir. É uma qualidade política.

O sociodrama é uma estratégia de ação, sendo visto por Moreno (1992) "como método profundo de ação que trata de relações intergrupais e de ideologias coletivas" (p. 188) e aplicado à própria pesquisa social.

O grupo se constitui como próprio ao vivenciar o sociodrama e garantir o pertencimento de seus membros, confirmando-os como sujeitos autônomos. Essa modalidade participativa pode favorecer a resolução de problemas comuns, facilitando o intercâmbio e a reorganização de modos de vida cotidiana. Ao confirmarmos a competência de cada um, os valores e a trajetória de vida, desenvolvemos nosso conhecimento emancipatório, que é também um autoconhecimento e não nos separa do conhecimento do senso comum. Vemos, então, as práticas sociais como constitutivas da realidade, da identidade profissional, da intersubjetividade, e o conhecimento valorizado como uma atitude epistemológica, um marco possível para o desenvolvimento de estratégias de ação que sempre implicam uma intervenção e a pesquisa-ação.

A obra de Moreno tem como fundamento a inseparabilidade entre teoria e experiência (Fonseca, 2000), por conter um enfoque relacional, construto filosófico da maior importância. Esse enfoque revela e significa as reciprocidades entre o sujeito e o mundo ao acessar o fenômeno tal como se apresenta. E, nesse sentido, apontamos nossa contribuição ao levantarmos questões que encerram o reconhecimento da função construtiva, educativa e interventiva do sociodrama, realçando a diferença que marca essa abordagem sociopsicodramática: a construção e a organização da interação.

Parte 2

O sociodrama como práxis da formação de agentes sociais: multiplicadores

7

O trabalhador social: investigador-participante

Todos os participantes de um grupo – sujeitos e coordenador – são observadores-participantes, influenciando e sendo influenciados numa perspectiva relacional. Não se pode conceber realidade independentemente de um observador, mas a realidade é construída na interação do observador com o mundo. Para Moreno, só é possível investigar um grupo, uma organização em funcionamento, em situação, quando o átomo social está em ação, em plena manifestação de sua espontaneidade e criatividade.

No sociodrama enfatizam-se a construção social da realidade, a íntima relação entre o coordenador e o objeto de seu estudo, e as questões situacionais que dão forma à investigação. Os participantes do grupo procuram respostas às perguntas que destacam a experiência social e a maneira como ela é criada e significada, e os métodos alternativos para avaliarem seus trabalhos, incluindo emoção, responsabilidade pessoal, prática política, ética de cuidado, textos com múltiplas vozes e diálogos.

Segundo González Rey (1997), a atividade do pesquisador-coordenador é inteiramente interpretativa, de forma que busque integrar no processo de construção os indicadores que advêm das subjetividades de todos os que participam da pesquisa, remontando a história de cada um e do grupo no contexto em que surgem, marcando uma dimensão da singularidade do pesquisador e dos sujeitos. Assim, consideramos que a produção do conhecimento surge da relação construída (vínculo) entre coordenador e sujeitos envolvidos, sendo essa relação o eixo do processo, por considerar o papel ativo, transformador e também negociador dos participantes em questão.

A estruturação desse vínculo, segundo os papéis de sujeitos e coordenador, propicia experiências e reflexões sobre cada um e sobre o contexto, dando uma nova qualidade ao vivido, ao pensamento e à situação da pesquisa. Portanto, a realidade passa a ter um papel ativo a partir do movimento próprio dessa confluência, não se submetendo passivamente às construções do pesquisador, explorando outras formas de sentido. Os envolvidos na pesquisa ganham espaço para dialogar com o real de modo processual, aberto e flexível.

8

Uma experiência de sociodrama

Descreveremos apenas um dos sociodramas utilizados como instrumento de pesquisa-ação, tendo como contexto os CTs do Distrito Federal e as famílias atendidas e consideradas população em condição de risco social (baixo capital social), que se encontram em condição de fragilidade e vulnerabilidade. Os participantes do sociodrama foram os representantes dos oito CTs em funcionamento nas diversas Regiões Administrativas do Distrito Federal, uma família de cada CT que estivesse em acompanhamento, e a equipe de pesquisadores, somando ao todo 41 pessoas. Planejamos a aplicação dos sociodramas considerando suas três etapas, em dois momentos distintos: primeiro, o sociodrama "Trabalhando com os Conselhos Tutelares", o qual descreveremos; em seguida, o sociodrama "Co-Construção ou Devolução", que não será abordado neste livro.

Utilizamos como método de análise das informações a hermenêutica de profundidade de Thompson (1995), cujo objetivo da análise é uma construção simbólica significativa que implica um processo de interpretação.

Sociodrama "Trabalhando com os Conselhos Tutelares"

Apresentaremos em forma de roteiro o que foi vivenciado pelo grupo para maior compreensão do leitor que se inicia nessa prática. Na seqüência, mostraremos como esse roteiro foi vivido dinamicamente.

É necessário esclarecer que essa vivência ou esse sociodrama que aqui se apresenta em forma de roteiro foi vivido por esse grupo em um contexto, tempo e lugar em particular e não se repetirá jamais. Portanto, essa descrição refere-se a esse momento e essa situação peculiares e não podemos tomá-la como determinista. Trata-se apenas de ampliar novas possibilidades e motivar diferentes construções. Cada grupo viverá situações que lhe são próprias.

1) Aquecimento

- Apresentação da pesquisadora, da equipe e dos participantes (famílias e conselheiros).
- Apresentação do projeto de pesquisa, dos objetivos do sociodrama, da forma, das estratégias e dos recursos a serem utilizados nesse espaço.
- Solicitação de permissão dos participantes para gravar e filmar o sociodrama.
- Solicitação aos conselheiros e às famílias para que se organizassem em dois subgrupos, da forma desejada, se postassem para fazer uma foto de cada subgrupo e explorassem essa configuração. Na seqüência, estabeleceu-se um espaço demarcado onde cada um desses subgrupos deveria explorar seu contexto, sua ocupação e as relações estabelecidas, para mapearmos e diagnosticarmos seu funcionamento, suas fantasias e a complementaridade dos papéis. Para isso, elaboramos questões, como: O que significam esses espaços e contextos? Como seria a foto no contexto, no qual o subgrupo de conselheiros ou o de famílias estivesse de frente ou não e vice-versa? Como se vêem e se percebem? Quais as impressões quanto a esse ou àquele subgrupo? Como se sentem nesse espaço que é da família e dos conselheiros, respectivamente?

2) Dramatização

Pediu-se aos participantes que andassem pela sala reconhecendo-se em um grande grupo. Na seqüência, colocaram-se papéis coloridos no centro da sala (preto, verde, azul, amarelo e vermelho). Foi solicitado aos conselheiros e às famílias escolher uma cor que, naquele momento, representasse para cada um sua relação com os CTs. A cor foi utilizada como critério para separá-los em subgrupos. Pediu-se que conversassem (famílias e conselheiros agora juntos) sobre o significado da cor e sua relação com os CTs e seus complementares. Discutiram nos subgrupos em que constituíam e o que representavam os CTs para cada um e seus papéis perante esses. Construíram uma imagem plástica que simbolizava e conceituava essas representações, sendo os participantes os próprios recursos dessa construção. Após a apresentação das imagens a todos, os subgrupos distintos disseram um ao outro o que apreciavam, sentiam e percebiam da relação CT e família.

3) Fechamento

Comentaram como se sentiram nessa atividade, compartilharam o que perceberam, o que sentiram, o que gostariam de propor e como estavam ao deixar o espaço onde se realizou o sociodrama.

Aquecimento

Por ser o aquecimento o primeiro contato com o grupo, ele se faz sem a espontaneidade que o grupo vai liberando à medida que se torna mais relaxado, no qual algum vínculo vai estabelecendo-se entre os participantes entre si, os participantes e a equipe coordenadora, o conteúdo e o local do trabalho. Dessa forma, o grupo apresenta-se com mais dificuldade para entrar na ação proposta pela pesquisadora, preferindo a fala e a conversação, uma vez que tem maior controle de seu estado de comprometimento. Embora seja um tema do cotidiano para os conselheiros e as famílias, este se configura em um espaço e uma situação novos.

Assim, observamos no início o grupo mais silencioso e a equipe de pesquisadores mais falante, dando informações e esclarecimentos que pudessem deixar o grupo menos tenso. As famílias mostravam-se tímidas, sérias e desconfiadas. Os conselheiros sentavam-se junto dos membros que pertenciam a seu próprio CT.

Percebemos o clima, bem como o ambiente e o desempenho dos participantes nesse espaço do aqui e agora, de dois modos distintos: no primeiro instante era tenso e os participantes imaginavam a respeito uns dos outros; depois, estavam mais relaxados e envolvidos. Pudemos também notar esse mesmo movimento do grupo ao falar e vivenciar a respeito de sua relação conselheiro–família. Essa forma de participação proporcionou-nos a clareza de que, já na primeira fase da aplicação do instrumento, fizemos intervenções de grande valia para os dois subgrupos. Isto é, ao mesmo tempo que buscávamos informações e subsídios de como os CTs e as famílias poderiam co-construir conosco uma metodologia de abordagem às famílias, com a pesquisa-ação também fazíamos uma conscientização para transformação social e de atitudes por meio da compreensão dos valores individuais e coletivos. Cabe ainda esclarecer que nas duas atividades realizadas no aquecimento (posicionamento para foto e ocupação do espaço demarcado) o grupo de participantes ficou dividido em dois subgrupos: o das famílias e o dos conselheiros.

Analisaremos, então, na etapa do aquecimento, esses dois modos distintos de interação vivenciados pelo grupo, os quais denominamos "Procurando o inimigo" e "Conhecendo o inimigo".

Procurando o inimigo

Os subgrupos mostravam-se com reservas, muito preocupados com a imagem que um tinha do outro e com a interpretação que as pesquisadoras dariam a suas falas, não se atendo à expressão corporal. Os conselheiros também estavam preocupados com a imagem que as famílias faziam deles e, quando colocados em frente das famílias para serem fotografados, dispuseram-se apertados, de braços cruzados. Assim se colocaram: "[...] nossa postura vai ser de acordo com a postura delas (famílias)", "[...] ao nos colocarmos em frente das famílias, acontece uma mudança de postura, de semblante, de motivação". Diante disso, posso pensar que é uma justificativa antecipada, uma forma de explicar e responsabilizar as famílias pela interação e complementaridade família–conselheiro, já sabida por eles, e um receio de que as pesquisadoras e as famílias os responsabilizem pela imagem que as famílias têm deles. Por isso, os conselheiros não expressam o que sentem ou percebem de si diante das famílias, mas apressam-se fazendo perguntas a elas: "Qual a diferença em serem atendidos na delegacia e nos CTs?" E comentam que: "[...] as famílias nos vêem como policiais e doutores". O que os levam a fazer mais perguntas do que dar respostas?

Viam-se dois subgrupos que estabeleciam sua complementaridade mediante suas imaginações nos papéis de polícia *versus* marginal, de doutor *versus* cliente e de autoridade que impõe leis *versus* foragidos ou deslocados. Portanto, "Procurando o inimigo" corresponde a uma relação e direção de complementaridade, tanto dos conselheiros tutelares para as famílias como vice-versa: os conselheiros, por funcionarem com a representação social que as famílias fazem deles, uma representação transgeracional, como veremos na nossa análise sócio-histórica. Por transitarem na realidade por meio desse imaginário, suas ações às vezes correspondem a essa complementaridade, propagando o pavor e o julgamento, como veremos nas imagens da dramatização. Cremos que as situações vividas entre CT–família são de subordinação, nas quais as famílias transferem aos CTs suposta autoridade. O conselheiro possui a verdade e as famílias são aquelas que devem ser reformadas. A apropriação e a manutenção do autoritarismo estão presentes nas instituições brasileiras e nas situações de vida cotidiana das pessoas, bem como nas formas diferenciadas de cumprimento das leis, nas hierarquias sociais e em todos os âmbitos da vida política, social e econômica. As classes desfavorecidas e marginalizadas vivenciam mais essas situações, além de serem tachadas de vagabundas, marginais e bandidas. O próprio sistema e os meios de comunicação mantêm essa imagem.

As famílias, por sua vez, confirmam que de fato só buscam o CT quando não encontram mais alternativas. Antes de procurá-los buscam a polícia, mas não encontram solução para suas dificuldades. Dizem ter medo de buscar o CT porque se sentem ameaçadas, temem a punição. Não relatam os fatos na íntegra por terem receio dos desdobramentos e das conseqüências. Os pais vêem-se ameaçados de ser punidos pelas questões dos filhos. Para os pais, o ECA trouxe, também, insegurança, pois educam seus filhos de acordo com os valores e modelos de sua família: "[...] ficamos revoltados com a lei. A lei impede a correção". Chegam ao CT traumatizados e assustados e acreditam não estar preparados para receber uma convocação do CT, ou porque são negligentes em suas relações, ou porque ficam ameaçados a ponto de desesperar-se: "[...] o que será que eu fiz de errado", "O que vai acontecer a mim?", "[...] eu fiquei muito assustada, com medo do que eles iam fazer comigo...", "[...] eu tinha medo de procurar o CT e o CT prejudicar ainda mais a minha filha", "[...] eu fui no CT porque o juiz me encaminhou".

Os Conselhos Tutelares foram vistos pelas famílias como órgãos de punição e/ou repressão, demonstrando, com isso, o temor da comunidade em relação a eles, propiciado pelo desconhecimento de seu papel como também pela baixa participação da sociedade na busca efetiva de direitos. Buscar direitos implica conhecer seus deveres e assumir atitudes perante si próprio, a família e a comunidade. Que comportamentos e atitudes estão presentes na ação dos conselheiros que reforçam esse comportamento nas famílias? Procurar o inimigo cria então, por ambos, uma tensão nessa complementaridade de papéis, favorecendo o aparecimento de manipulações e mitos que impedem o aproveitamento e a riqueza dessa interação, uma vez que ela é vista como recurso de reflexão e, conseqüentemente, de mudanças. Torna-se necessária a transformação da estrutura social e institucional que compõe o aparato CT, como tendências que se contradizem e dialetizam num binômio ação/proação = mudança.

Diante disso, podemos pensar que mudanças só acontecem com a participação de todos. Participar, para Demo (1999), é conquistar nosso espaço de autopromoção, autogestão, democracia e convivência. Participar possibilita às pessoas transformarem-se de objetos em pessoas, assumir suas decisões, conhecer suas possibilidades, aproveitar as oportunidades, valorizar seus saberes e ter consciência das mudanças que vão ocorrendo em si e na organização social.

As famílias relatam que: "[...] no início não é fácil, a gente vai porque está precisando muito"; "[...] só procurei o CT porque passei o carro na frente dos bois". Percebemos que esse processo vivido pela família é, a princípio, de muita solidão e medo de ser descoberta em suas dificuldades. Sua tentativa primeira é de fechar-se em si mesma e vivenciar a frustração de não conseguir a solução do problema. No entanto, quando é informada ou indicada ao CT ou informada sobre ele por outras famílias já atendidas fica mais tranqüila e é capaz de arriscar nessa alternativa.

Ao procurarem o inimigo, as famílias sentem-se acuadas pelo ECA, que concretiza a destituição do poder potencial da família de cuidar e proteger seus filhos, e ameaça os pais, que, além de arriscar perder seu pátrio-poder, precisam expor-se e ainda podem ser punidos. De posse desse livro, como é referido pelas famílias, o conselheiro "policial" tem a função de reeducar, corrigir, reformar. No passado, somente o juiz, representante da instituição Justiça, tinha esse poder, e era também visto como um médico que curava os maus comportamentos. Esse era o único acesso da população à Justiça.

As experiências vividas, os conceitos e preconceitos segundo uma análise sócio-histórica foram gerados transgeracionalmente e são agora reforçados pelas expectativas do papel de cada um na relação, reduzindo o potencial da ação social e da interação CT–família.

Considerando as etapas do desenvolvimento das estruturas grupais, uma das formas focadas no manejo de grupo, conforme Moreno (1975), o aquecimento é visto como a etapa do "isolamento orgânico". Primeiras manifestações do desenvolvimento de um grupo (que corresponde ao nascimento do grupo), nas quais um conjunto de indivíduos se mostra isolado e completamente absorvido por si mesmo. Nesse processo de procura do inimigo, travam uma busca de si mesmos. Suas percepções, sensações e imaginações são as rotas para a compreensão do que acontece no aqui e agora da interação. As primeiras manifestações básicas de espontaneidade ocorrem no processo de aquecimento preparatório para um novo ambiente, atitude ou uma nova compreensão do contexto relacional. No processo de desempenho de papéis, os participantes do grupo estão vivendo uma "co-ação", coexistência e co-experiência, também chamada, pelo autor, de fase do duplo. O vínculo é então estabelecido pelas sensações, percepções e fantasias, formatando uma complementaridade dos papéis. Tal como o bebê, ao nascer, na matriz de identidade, encontra-se indiferenciado, "a outra pessoa (mãe) é formalmente uma parte da criança, isto é, a completa e espontânea identidade" (Moreno, 1972, p. 112).

Ao mesmo tempo, tanto famílias como conselheiros têm outra fala (contraditória), como se quisessem sair desse mal-estar que a confirmação da complementaridade (polícia *versus* marginal e doutor *versus* cliente) provoca. Assim as famílias se expressam ao serem solicitadas a falar para outras famílias que estão chegando para o sociodrama: "[...] este encontro é para que o CT esteja mais pronto e melhor para atender nossas dificuldades, ajudar com mais cautela e facilidade. Ele vai ser assessorado pelas psicólogas para melhor contato e acesso às famílias, e nós também vamos aprender mais", "[...] nós somos fruto do trabalho deles e da motivação". Aqui, as famílias confirmam a ação dos conselheiros por meio dessa complementaridade.

Os conselheiros, por sua vez, assim se expressam: "[...] precisamos fazer uma abordagem a elas (famílias) numa visão de que cada ser humano é diferente e de que atrás das leis existe uma pessoa", "[...] o CT é o lugar onde devemos estar mais próximos de vocês, o lugar onde a gente vai resolver muitas situações".

O que significa estar sem um espaço relacional seguro nos dois sentidos da complementaridade da relação? Ambos os subgrupos reforçam essas posições de complementariedade. Permitiram-se ficar nos papéis, assim definidos, de autoridade e dependente, de policial e marginal, de doutor e cliente; os dois parecem mais seguros. Existe, pois, um vácuo entre o real, o ideal e o imaginário, a ação e a reflexão. Tanto famílias como conselheiros têm a dimensão de como deveria ser essa relação, mas o real, o ideal e o imaginário misturam-se, não tornando claros o papel e o lugar de cada um nessa relação. Nesse sentido, "o modo como imaginamos o real espacial pode vir a tornar-se na matriz das referências com que imaginamos os demais aspectos da realidade" (Santos, 2001, p. 197). Para esse autor, todos os conceitos têm uma textura espacial, física e simbólica.

Numa perspectiva sócio-histórica, a análise das políticas voltadas para a infância e a adolescência no Brasil é entendida com base na dinâmica das correlações de forças existentes entre o Estado, a sociedade e as transformações de tempos e espaços do pensar e agir que incidem em partes do ciclo de vida da família. Essa análise sócio-histórica torna-se importante, uma vez que, ao conhecer as leis e as ações desenvolvidas nesse espaço de tempo, mostra, sobremaneira, como foram construídas essas complementaridades dos papéis referidos e também como nasceram os novos atores insertos nos movimentos sociais. O ápice deu-se nas décadas de 1980 a 1990 com a elaboração de propostas que asseguraram os direitos sociais. A Constituição Federal e o quadro de sistemas de garantia regulamentados por meio do ECA, considerados meios técnicos de transmissão e construção de mensagem, consolidaram os princípios que estabelecem os direitos e o exercício da cidadania de crianças e adolescentes (Campelo, 2001).

O panorama brasileiro entre a metade até o final do século XIX é marcado por sérias transformações no campo social, como o fim do regime de escravidão, a chegada dos imigrantes ao Brasil, a preocupação com a filantropia, a criação de asilos de educandos e o êxodo da população do campo para as cidades em busca de melhores condições de vida e trabalho. Esse contexto contribuiu para acirrar as desigualdades sociais já existentes, e as repercussões para as crianças e os adolescentes não tardaram a aparecer. Uma delas seria a obrigação de inserirem-se precocemente no mercado de trabalho com baixos salários e desempenhado nas ruas. Crianças ficavam vagando ou mendigando. A infância pobre passa a ser vista, com o advento da República, como um problema, pelo fato de ser abandonada e constituir um perigo para o sistema. Assim, diante dessa nova concepção da infância pobre, o problema da vadiagem seria solucionado com a correção e a disciplina. Os chefes de polícia eram orientados para recolher e deter indivíduos de qualquer sexo ou idade que fossem vistos pedindo esmola ou vagando pelas ruas, reconhecidos como vagabundos (Marcílio, 1998). Como vemos, o Estado considerava os problemas sociais casos de polícia. Costa (1990 a, p. 82) assim se refere à criança: "[...] Vista como uma ameaça social, e o atendimento a ela dispensado pelo poder público tinha por fim corrigi-la, regenerá-la, reformá-la pela reeducação, a fim de devolvê-la ao convívio social".

Campelo (2001) esclarece que ante todas essas transformações emergiram os movimentos sociais, desencadeados pela crise econômica e gestados com certa consciência de classe e não apenas como forma instintiva de reação. Foram buscando uma nova cultura política. Os movimentos sociais passaram a exigir a intervenção do Estado nas questões da infância. O Código de Menores expressa essa intervenção, que traz em sua base a visão higienista e correcional-disciplinar ao estabelecer a vigilância pública, como também intervém nos casos de abandono e maus-tratos, podendo os pais perder o pátrio-poder. Com relação aos jovens de 14 a 18 anos, estava ampliada a responsabilidade do juiz em colaborar com a recuperação dos menores infratores. Portanto, o Código de Menores cria outra concepção política e sociopsicológica para a criança e o adolescente, considerando-os "menores", constituindo-se em uma categoria jurídica e socialmente construída para representar a infância pobre e abandonada.

A década de 1930 foi marcada pela implantação de várias instituições assistenciais, como o Departamento Nacional da Criança (DNCr), o Serviço Nacional de Assistência aos Menores (SAM), a Fundação Nacional de Bem-Estar do Menor (Funabem), todas vinculadas ao Ministério da Justiça e ao Juizado de Menores, com a finalidade de retirar as crianças e os adolescentes das ruas, combater a criminalidade e promover a recuperação da delinqüência, articulando repressão e assistência (Marcílio, 1998). Alguns segmentos da sociedade, no final dos anos de 1970, com o processo de abertura política, propõem alternativas para o problema da infância irregular, cuja patologia social nada mais era que sua situação de pobreza e, portanto, disfuncional. Uma visão pautada em uma sociedade estruturada, cujas partes interdependentes não funcionavam como um todo equilibrado. Pelo Código de Menores, o juiz tinha o poder de decidir quais eram os interesses do menor em qualquer situação. Reforça-se e amplia-se a autoridade do juiz, conferindo-lhe todos os poderes. A constatação de que a situação de irregularidade dos menores é a exclusão social de suas famílias, isso não despertava interesse entre os profissionais. Esses não defendiam nem criavam políticas públicas e sociais para o resgate da competência dessas famílias. Preferiam desenvolver ações assistenciais, de controle e de institucionalização da criança e do adolescente em vez de ações preventivas.

Nesse campo de interação em que todas essas instituições estavam presentes, as diversas áreas de conhecimento, principalmente educação, saúde e assistência social, a sociedade civil e as famílias praticavam um discurso advindo de teorias da carência e da marginalidade, construindo uma atitude de distanciamento, medo e poder, ainda hoje vividas pelos atores sociais, participantes dessa pesquisa, e expressa na complementaridade de autoridade, policial *versus* foragidos, deslocados.

Será reforçador para ambos os lados manter-se nesse terreno movediço em que esse *status quo* não modifica as atitudes? Para Santos (1998), a tensão controlada existente entre a experiência e as expectativas é uma das características dos agentes construídos pelas ciências sociais convencionais e, em especial, pela economia convencional. Diz respeito aos agentes e às ações, e eles são incapazes de sobreviver a essa tensão.

Conhecendo o inimigo

No pensamento psicodramático, a ação é uma fase necessária no avanço da compreensão sociodinâmica e contextual do grupo. Proporciona aos participantes e ao coordenador a oportunidade de conhecer, reconhecer e avaliar seus comportamentos e suas interações por si mesmos (introvisão da ação).

Percebemos que tanto os conselheiros como as famílias, ao concentrarem a atenção em si mesmos ("Procurando o inimigo"), estranham a outra parte da relação. Uma vez que não se conhecem, não podem reconhecer o outro.

Esse momento é marcado pela ação. Diz respeito à ocupação de cada subgrupo em seu espaço demarcado. Como cada subgrupo se ocupa, se organiza dentro desse espaço? Como cooperam entre si? Como entram nesse espaço físico e relacional?

Como saem dele? Como invertem papéis nesse espaço com seus pares e complementares? Como se movimentam? Começa a se delinear outra compreensão a partir da movimentação. A percepção de um espaço fechado, esprimido, oprimido e sem alternativas vai delineando primeiro uma mudança de atitude física no espaço concreto e, na seqüência, uma mudança de atitudes nos papéis, nas funções e na configuração de uma nova complementaridade.

Os conselheiros mostram-se com certa irritação pelo pouco espaço e referem-se a ele tal qual em seu contexto de trabalho. Falam do cansaço, da falta de conforto e de condições para o trabalho. A fala do espaço físico espalha-se para as questões administrativas e de infra-estrutura, como falta de equipamentos, material e transporte. Fazem queixas principalmente do Estado. Colocam-se como vítimas do próprio sistema, tal qual as famílias, por não terem reciprocidade, confirmação e apoio de muitos órgãos da rede, embora sejam vistos como instrumentos de garantia dos direitos das famílias.

Os conselheiros olham apenas para si próprios, reclamam do Estado e não se vêem refletidos em sua fala. Preferem ficar desconfortáveis e apertados dentro daquele espaço a se movimentar e partir para a ação. Preferem continuar falando e demonstram certa resistência em iniciar a ação proposta pela coordenadora. Dizem estar dispostos a buscar informações, mas sentem-se perdidos e estão cada um por si, sem uma referência do que percebe e pensa o conjunto.

Aos poucos, o subgrupo de conselheiros vai movimentando-se, buscando relacionar-se entre si e começa a perceber que aquele espaço demarcado é pequeno demais, que os integrantes precisam fazer uma movimentação ora dentro, ora fora do espaço, e que delimitar sua ação prejudica sua função. Vêem-se em círculo uns de frente para os outros, percebem-se como se estivessem olhando a realidade de frente. Aí, observam o quanto estão desorganizados e preocupados com questões pequenas.

Ao se relacionarem entre si, compartilharem o que sentem, vêem e percebem, buscam na ação uma movimentação de sua percepção. Entretanto, observam que precisam enfrentar-se e aprender a produzir no conjunto. Podendo agora olhar uns para os outros, seus pares relatam que é como se olhassem para a realidade e vissem a importância de constituírem-se como um grupo organizado, mais unido, capazes de construir juntos seu papel de conselheiro nunca antes questionado num contexto comum. A atitude dos conselheiros de dificultar a movimentação e permanecer em suas queixas era uma forma de justificativa para não assumirem sua competência e concomitantemente uma atitude reforçadora para que as famílias continuassem a vê-los como policiais e doutores. Quanto mais se ocupam de suas queixas, mais desejosos ficam conselheiros e famílias de manter o *status quo* e, portanto, a complementaridade aqui referida. Um subgrupo espelha o outro, que espelha, na seqüência, os CTs e o Estado. É o medo de mudar de posição, pois gera mudanças de atitudes. Vemos aí o fenômeno da ressonância e das reuniões (Elkaim, 1998). Um subgrupo remete o outro a aspectos de sua própria percepção. Ressonâncias, para o autor, são agrupamentos particulares constituídos pelas intersecções de elementos comuns a diferentes indivíduos ou sistemas humanos que suscitam as mútuas construções do real dos membros do sistema. Um processo de reflexão sobre as próprias reflexões e práticas de trabalho será importante no sentido da compreensão dos sistemas complexos e dos processos vividos pelos conselheiros. Nesse processo de conhecer o inimigo, fazem um caminho que passa pelo seu próprio conhecimento. Depois, vêem e reconhecem seus pares, como funcionam e como ocupam seus espaços e só depois, então, estão mais prontos a olhar seus complementares e reconhecê-los como tais.

Podemos afirmar que os conselheiros ainda estão construindo seu papel, por ser uma função nova, de apenas treze anos de existência, por não terem modelos estruturados e definidos. Alguns conselheiros estão no primeiro mandato de seu CT, não tendo oportunidade de acompanhar a atuação de outros membros da mesma instituição. Por isso, estão mais presos à estruturação desse papel e mais ocupados com sua atuação e delimitação, não tendo a clareza da dimensão de sua função nem a visão da competência e dos desdobramentos desse papel na comunidade.

O desconhecimento da comunidade a respeito do CT contribui para que a comunidade o perceba ou o considere órgão público, que funciona à semelhança de uma repartição pública em que todos podem buscar atendimento. O fato de a comunidade desconhecer a real função desse aparato concorre ainda para que seja considerado um órgão punidor, pois as falas dos conselheiros muitas vezes expressam contradições e divergências com a natureza do poder nos CTs, deixando dúvidas de que não estejam a serviço do Poder Executivo.

Para a legitimação de sua instituição, os conselheiros necessitam ter a clareza de seu papel e da prática educativa comprometida com os interesses da criança e do adolescente e com a construção da cidadania, uma vez que os CTs são considerados espaços diretos da comunidade, revertendo ordens sociais comuns em espaços de cidadania apreendidos na vivência da relação CT–família, na qual todos são reconhecidos e reconhecem os outros como verdadeiros cidadãos.

Os conselheiros relatam a respeito de sua atuação e vão percebendo com nitidez a enorme quantidade de atendimentos que realizam, assim se referindo: "[...] fazemos muitos atendimentos miúdos que não mostram muitos resultados, [...] como se fôssemos bombeiros apagando constantemente o fogo, e nossa atuação é infinitamente maior do que manter-se neste espaço fazendo atendimentos". Os conselheiros constatam que sua maior função tem sido atender a todos os que os procuram, mas sabem que nem sempre estão garantindo os direitos das crianças e dos adolescentes. Relatam que, "[...] quando nós não conseguimos atender a todos, buscando alternativas para os casos, atendendo da melhor forma, ficamos frustrados. O Estado não está disposto a ajudar e não sabemos como manter e montar um melhor sistema de atendimento". Essa é uma atitude centrada na prática assistencialista/protetora e não no direito do cidadão. Usam a metáfora "de bombeiro" para definir sua atuação. Tudo isso indica que muitos atendimentos são desarticulados de uma ação social e de uma prática de construção de rede.

Compreendemos que a falta de condição de infra-estrutura dos CTs, da própria cidade satélite (município), e a falta de condições socioestruturais das famílias concorrem para que essa prática de pronto-socorro social se estabeleça. E essa é uma das falas de um membro de uma família ao término do sociodrama: "[...] como se o CT fosse um posto de saúde que atende emergências...".

Os conselheiros percebem que sair dos limites desse espaço é construir uma rede que dará sustentação a várias ações, que ampliarão suas visões e a visão de quem está fora do CT. Portanto, a ação fora daquele espaço tem de fazer parte da vida deles, embora seja muito mais difícil. "Nosso maior papel é promover a possibilidade de a família e a sociedade descobrirem seus direitos." Fora do espaço, conseguem ver seu papel de cidadão, porém de um cidadão conselheiro não se abstraindo desse papel. E continuam expressando: "[...] assim, seremos mais competentes no trabalho com as famílias, ajudando-as a encontrar soluções"; "[...] à medida que formos atendendo essas famílias com resultado e dignidade, teremos a valorização de nosso trabalho. Vão acreditar mais nos CTs e nos procurar mais", "[...] precisamos passar informações às famílias".

Nesse momento, percebemos que o discurso dos conselheiros parece mais importante do que as ações. Mudar a forma de atuar e agir implica uma reflexão sobre sua prática, que requer uma mudança da concepção dessa prática.

Os conselheiros têm uma proposta de ver a família idealizada, junta (pai, mãe, filhos), completa, como resposta a uma avaliação de seu trabalho. Consideramos essa atitude uma conserva cultural, expressão usada por Moreno (1972) para definir a cristalização de uma ação criadora para ser preservada. A cultura de uma sociedade é configurada pelo somatório dessas conservas culturais e forma o fluxo que assegura sua sobrevivência. É a esta que a sociedade recorrerá para educar seus membros. Determinado papel pode ser considerado uma conserva social até que o sujeito dele se apropria e desenvolve-o segundo sua própria espontaneidade – papel psicodramático (Menegazzo, Tomasini e Zuretti, 1995).

Quando a família entra em cena para uma análise de sua estrutura social e sócio-histórica, Fachin (2001) aponta que esta passa por crises desde o período colonial, estabelecida em suas funções procracional e patrimonial. Esse processo reflete-se na legislação, e com a CF começa-se a desenhar o novo modelo de direito da família no Brasil. Examinando as profundas transformações sociais que alcançaram a família, passando pelo Brasil Colônia, percebemos que se chegou à República com um modelo codificado e, na contemporaneidade, deparamos com a ausência de um modelo único de família. As linhas básicas da organização social, política e judiciária no Brasil delinearam a família moldada no Código Civil de 1916, inscrita pela solenidade e fundada em bases patrimonialistas, divorciada dos fatos sociais e alheia à realidade da família brasileira. Inúmeras questões são levantadas depois da CF, como: pluralidade de perfis de família, busca de atendimento aos interesses da criança e do adolescente, e a situação concernente aos direitos da mulher, que mostram, no tempo e no espaço, um descompasso entre a norma e a práxis. A contemporaneidade aponta para um presente plural com a idéia das reformas. A ausência de um modelo único para as relações familiares encontra-se no respeito à diversidade, na inquietação dos paradoxos e na abertura de novas perspectivas. A opção pela "repersonalização" da família significa priorizar o "ser" e não a patrimonialização ("o ter"), recolhendo na história subsídios para um olhar sobre o mundo contemporâneo da família. E, assim, a família, com o Estado e o Judiciário, foi chamada a desempenhar seu papel nas atuais mudanças.

As famílias, por sua vez, logo percebem a importância da movimentação, do diálogo, de apresentar-se e conversar aqui nesse contexto, embora ressaltem que em sua vida na comunidade não se integram com outras famílias que buscam o CT, por se sentirem constrangidas, e que ao buscarem ajuda para si nos CTs não querem envolver-se com outras famílias. "Eu sou do tipo da pessoa que não gosta, sabe? Não gosto de me meter muito", "[...] na verdade, quando a gente vai procurar o CT, a gente não se integra com as outras pessoas, a gente vai lá para resolver o problema, uma coisa que eu estou buscando para mim. Então, eu não vou me integrar com outra pessoa", "[...] eu acho que não deveria ser assim, mas é individual, tem hora marcada, a gente tem de cuidar de cada um".

Na movimentação e conversação, o subgrupo de famílias vai percebendo que compartilhar e trocar experiências no aqui e agora torna as dificuldades mais acessíveis, por perceber que outras famílias também vivenciam as mesmas dificuldades, possibilitando maior proximidade, menos constrangimentos e mais conforto.

Assim que começam a ser atendidas pelos CTs, as famílias passam a estruturar com essa instituição um vínculo que denominaram "[...] um vínculo com autoridade". Ao perceberem que o CT não representa o papel de policial nem ameaça a segurança, dão-lhe então outro papel: o papel de resolução e transformação de seus problemas. As famílias começam, pois, a reconhecer que, se não conseguem encontrar solução na própria família, poderão encontrá-la na comunidade, via CT. Portanto, a importância do vínculo faz-se presente para que as famílias se aproximem em todos os sentidos: entre elas e outras famílias e entre elas e o CT. Depois do vínculo estruturado, que se faz geralmente entre a família e um conselheiro, fica clara a importância do CT em sua vida. Constatam que o CT é uma alternativa para aprenderem a conviver com os filhos adolescentes e passam a ver os conselheiros não mais como policiais e repressores, mas como o "mito da resolutividade e da transformação". "Eles mudam tudo o que não serve pra mim e para muita gente"; "[...] o CT é muito gente boa, legal, dá conselhos. Minha filha ia-se transformando em uma marginal, fumando drogas".

O contato com os CTs desmistifica a Justiça; a atuação com a lei fica diferente, mais próxima na busca de soluções. E as famílias acrescentam: "[...] o CT é alguém de fora que ajuda a família quando esta não quer enxergar", "[...] o papel que o CT transmite para a gente é de segurança e que ele dá respostas para tudo, qualquer problema tem uma solução", "[...] o CT tem um papel, assim, de cuidar, aconselhar, e aprendi tudo o que está acontecendo agora: confiança e respeito".

A família na sua potencialidade de criação e construção de sua competência tem intuições e percebe que algo não está bem quando entra em crise, mas não quer enxergar. Ao mesmo tempo, tem receio do que o CT fará com ela, assim se expressando: "[...] eu cheguei lá e tive de expor até coisa que eu não queria", "[...] eu fiquei lá com medo de ser também punida, devido às coisas que eu contei lá na hora".

Os conselheiros assim se referem a essa questão: "Temos de desmistificar a coisa da Justiça. Quando tiramos o quadro da formalidade, toda aquela coisa distante sai. O CT atua como lei, por isso é complicadíssimo de chegar, mas ele acaba muito mais aberto, mais próximo da comunidade, por meio do diálogo. Mas temos de ter o respaldo legal, com alicerce... Você precisa estar amparado na lei".

A estrutura social representada pelos CTs possibilitou às famílias o acesso à Justiça. Assistência jurídica significa mais do que a simples representação perante suntuosos e poderosos tribunais (Cappelletti e Garth, 1988); implica auxílio para tornar as pessoas mais ativamente participantes das decisões básicas da vida. O surgimento do enfoque de acesso à Justiça, presente em tantos países, é, segundo os autores, uma razão para que se encare a capacidade dos sistemas jurídicos modernos de atender às necessidades daqueles que, por tanto tempo, não puderam reivindicar seus direitos.

Cavalcanti (1999) informa que a incorporação política e social progressiva dos setores excluídos, com vistas a maior integração e à transformação do conceito de cidadania com a emergência dos movimentos sociais na década de 1980, contribuiu para modificações nos aspectos legais, institucionais, constitucionais, destacando as alterações no funcionamento das instituições do sistema de justiça e nas atribuições de seus agentes. O CT é um "braço" da Justiça na comunidade, portanto também responsável por esse acesso à Justiça como um direito vinculado inicialmente ao aspecto civil da cidadania e por suas transformações em direitos sociais nas democracias modernas. O espaço dos CTs é um canal para a transformação das dificuldades das famílias em demandas legítimas diante do sistema formal de Justiça, pois o Ministério Público (MP) tem legitimidade para ingressar com ações, cobrar o acesso à saúde ou exigir abrigos para as crianças de rua, requisitando prestações positivas por parte do Estado.

Os tradicionais domínios do direito foram perturbados por profissionais das várias Ciências Sociais, como sociólogos, psicólogos, antropólogos, economistas, cientistas políticos, todos imbuídos de produzir caminhos criativos de acesso à Justiça e de transformação dos direitos formais em reais e nas mais diferentes formas de atuação, como psicologia comunitária, clínica social, justiça terapêutica, psicossocial forense e tantas outras.

Ainda no espaço do processo de aquecimento, percebemos que esse se manifesta em toda e qualquer expressão do organismo vivo (grupo) na medida em que se empenha no sentido de uma ação (ato), possuindo essa uma expressão somática, psicológica e social (Moreno, 1972). Na compreensão do desenvolvimento socioafetivo da relação conselheiro–família e no processo de exercício de papéis, constatamos que os participantes concentram sua atenção na outra parte, e estranha parte deles, tal qual a criança na matriz de identidade. As famílias habituaram-se a não considerar suas capacidades, habilidades e potencialidades. Passando a não considerá-las, ficam sem referências, buscando recuperá-las por meio do que é dito via CT, sem questioná-las e compreendê-las em sua estrutura de valores culturais, sociais e éticos. Portanto, a atenção das famílias está muito mais voltada para o desempenho do conselheiro: olham mais para ele do que para si.

Nesse movimento de olhar mais para fora do que para si, as famílias só deixam o CT quando sentem suas necessidades resolvidas e, então, dizem-se amigas dos conselheiros. As famílias comentam: "A gente sai quando o problema já foi resolvido. É a hora que você se libera do que você estava, apesar de que a gente faz um elo. A gente só procura a lei quando existe problema [...] e a hora que resolve não vai querer saber do CT". A complementaridade dos papéis entre conselheiro e família passa, então, para pai *versus* filho, competente *versus* incompetente.

A família, por sua vez, tem claro o que espera: quer e compreende o papel do CT em sua vida; deseja apenas que ele resolva seu problema e lhe dá o *status* de resolução. Assim, o CT perde o papel de policial, daquele que pune e amedronta, e ganha o papel de pai, de competente, de quem ao mesmo tempo faz a interdição e protege, que tudo sabe e resolve. Permanece, dessa forma, tão poderoso quanto na visão das famílias. Talvez o CT reforce essa complementaridade, mantendo-se no papel de competente e, por sua vez, a família no papel de incompetente, no sentido de não buscar seus próprios recursos internos, de não descobrir sua capacidade e de dar-se conta de que com a ajuda do CT conseguirá resolver suas questões. Talvez os conselheiros não queiram perder esse papel de poderoso, capaz de transformar e recuperar as situações, pois só assim eles e as demais instituições governamentais e não-governamentais vão reconhecê-los como tal, ver sua importância na comunidade, uma vez que apenas o Poder Judiciário, representado pelos juízes, detinha esse poder. Essa conquista da sociedade civil não está ainda completamente integrada na reflexão e na prática dos membros da sociedade e dos conselheiros pela falta da conscientização dos cidadãos, quer sejam eles membros institucionalizados ou não, quanto a seus direitos e deveres e à ausência correta de informações pertinentes.

Em todos os tempos, os povos procuram um pai que os console, que os proteja e restitua uma identidade. Segundo Michel (2001), as sociedades freqüentemente estão ligadas à figura dos chefes, pais que conduzem e governam os povos e, ao mesmo tempo, se submetem, desafiam, rebelam-se e transgridem sua autoridade. Segundo o autor, o homem é um "animal de horda" e, portanto, precisa de chefes-pais pelos quais se sinta amado, chefes-pais que freiem sua violência natural. Sua teoria concebe a sociedade como uma estrutura familiar tradicional, na qual o pai exerce uma autoridade (poder) necessária sobre os filhos indisciplinados e conseqüentemente imaturos. Assim, a gestão de qualquer grupo é sempre reduzida a dois pólos: a dominação do chefe-pai, o que tudo sabe e resolve; e a submissão dos membros-filhos – um paternalismo construído sobre a repetição do passado da família tradicional que desqualifica as mulheres e inferioriza os membros do grupo (filhos). Modelo tradicional constrangedor cuja ação é uma repressão.

Atuando em todos os setores da vida social, o Estado/Nação acostumou seus cidadãos a esperar sua intervenção, exigindo que o Estado resolva todos os seus problemas, tal qual o exercício da paternidade se desdobra em diferentes funções e papéis sociais na família.

Na perspectiva socionômica sistêmica, a família funciona como um sistema aberto que mantém um estado de equilíbrio interno (homeostase) e modifica-se para adaptar-se às mudanças internas e externas. O que caracteriza a família é necessariamente a natureza das relações entre seus membros, isto é, a forma como interagem e como estão vinculados em seus diferentes papéis e subsistemas. Assim, um componente da família não pode mudar sem mobilizar mudanças nos demais componentes. Desta feita, a conquista da autonomia dos filhos só acontece com a autonomia de todos. Para ser autônomo e ter seus membros independentes, o sistema precisa diferenciar-se, ou seja, implica um processo de separação e de constantes adaptações. Cada membro vai buscar sua auto-referência familiar, que descreve a aptidão de um grupo familiar, para definir sua identidade, encontrar em si mesmo uma representação de sua totalidade, permitir a seus membros respeitar essa representação, conduzindo assim, por intermédio da criação de novos grupos, a herança e a reprodução da identidade da família (Miermont, 1994).

Quando a família entra em crise, significa que novas interações são necessárias no sistema ou que o sistema está mantendo interações redundantes: os membros mostram-se pouco diferenciados.

Tal como ocorre nas famílias, podemos observar esse mesmo processo nas organizações e nos demais contextos. A violência, o abuso de drogas, os comportamentos de risco social, entre muitos outros, são tentativas de denunciar formas de interação que se perpetuam e necessidades de mudança, de limites, de regras que restituam referências de autoridade e de continência às instabilidades (Sudbrack, 1992).

Segundo Sudbrack (1992, p. 75), "essa dimensão dos limites, da lei e da transgressão adquire fundamental importância na medida em que neste momento aquela família precisa de uma interdição para sair do caos e retomar o seu curso de funcionamento". Assim como o adolescente precisa contestar a autoridade dos pais para diferenciar-se e buscar sua autonomia, a família passa pelo mesmo processo. A autora percebe esses sintomas no adolescente e caracteriza-os como uma passagem ao ato delinqüente, numa tentativa de resgatar em especial a função paterna quase sempre fragilizada. Vemos, também, a família e as organizações no macrossistema numa perspectiva de remeterem-se a uma instituição da lei e de referência simbólica à função paterna, num processo paradoxal. A transgressão remete à busca da lei em um processo que a autora nomeia "da falta do pai à busca da lei". É, portanto, uma forma simbólica ao considerar que o papel de autoridade e da função paterna implica a construção da ordem social e, conseqüentemente, a formação de sujeitos sociais – resgatar a autoridade dos pais sem impedir a autonomia dos filhos, negociando regras e descobrindo novas possibilidades de viver as separações sem fazer rupturas. A sociedade tem diferentes modelos disponíveis, ou a serem disponibilizados para contribuírem na formação de sujeitos autônomos, cidadãos. Os CTs são um desses aparatos ao assumirem uma função simbólica como instância mediadora de continência, proteção e segurança, mas também educativa como mediadora das ações do Estado via sociedade.

As situações de risco vividas pelas famílias atendidas pelos CTs levam-nas à posição, em um primeiro momento, daquela que transgride e precisa ser convocada ou denunciada, ou ainda daquela que, não tendo mais a autoridade com relação aos filhos, por impotência, necessita de uma interdição. O contexto do CT, como o da Justiça, representa para as famílias punição, medo, polícia, doutores. As famílias vivem, portanto, uma fase de tensão e de grande conflito e divisão. Em um segundo momento, ao perceberem que a intervenção dos CTs não lhes traz danos, fragilizam-se e permanecem num movimento de submissão, em que nada podem e sabem a respeito de suas questões. Dão, então, aos CTs o poder de pai, mudando sua complementaridade. Embora essa posição família–CT tenha promovido um salto qualitativo com relação à estrutura anterior, pois já existe uma possibilidade de vínculo, revela ainda uma condição de saturação, estagnação e baixos índices de auto-organização. Refere-se à capacidade dos sistemas de modificar suas estruturas quando produzem mudanças em seu meio (Miermont, 1994). Seu papel como sujeito e ator social é ainda um pseudopapel (Bermudez, 1977). Um pseudopapel emerge quando está pouco desenvolvido, resultando em não-vinculação e complementaridade, salvo as situações especiais de aquecimento. Nesse sentido, os conselheiros apontam a crise, mas ainda não deram o verdadeiro salto qualitativo, uma dimensão transformadora que permite e possibilita às famílias dar respostas novas às situações novas ou velhas, isto é, ser espontâneas e criativas (Moreno, 1972), atingindo geralmente um nível mais alto de complexidade nesse processo e potencializando com ele suas probabilidades de sobrevivência. Esses sistemas configuram como organismos vivos, assim como as famílias, os grupos sociais e a sociedade. Porém, isso só é possível se o sistema mantém permanentemente a capacidade de criar os elementos que o constitui para se auto-sustentarem.

A sociedade, conforme Moreno (1992), é constituída por uma rede sociométrica composta por milhares de átomos sociais que nos possibilita compreender a organização sociodinâmica das comunidades. Os átomos sociais não são construções, são redes reais, vivas, cheias de energia girando em torno de cada pessoa, sendo construídos por ela e construindo-a. Portanto, as redes sociométricas são mapeamentos psicogeográficos da comunidade – relação entre a geografia local, os processos psicológicos e os campos de interação – que vão constituindo-se nas instituições em virtude da interação de suas partes.

Segundo Moreno, a motivação dos indivíduos está diretamente relacionada à intensidade de atração, repulsa ou indiferença para pessoas e objetos (processo de escolha). As atrações e a repulsa ou seus derivados entre indivíduos podem ser compreendidos como processo dentro do átomo social, *tele*, que é o fator responsável pelo aumento da taxa da inter-relação entre membros de determinado grupo e da estruturação interna do átomo social. A posição da *tele* no sistema sociométrico é central e a espontaneidade é seu catalisador. Ao considerar "que todos somos Deuses", Moreno (1972) relata que possuímos uma centelha divina em cada um de nós ao sermos espontâneos e criativos, como recurso de superação das necessidades, da modificação das situações de conflito e dificuldades, e da construção de novas e possíveis estratégias de interação e organização dos grupos.

Para Michel (2001), a democracia não se deveu à abstração idealizante do pai. De acordo com o autor, o respeito deslocou-se de Deus para o homem, do pai para o irmão. Portanto, a sociedade é considerada não um organismo gerado, mas uma organização que também passa por crises, conflitos sócio-históricos, que se auto-organiza onde cada um tem sua responsabilidade. Segundo o autor, essa sociedade sem pai está inscrita no sujeito social desde sua origem, como uma realidade em potencial reconhecida na práxis, na história, no território que é comum e na reciprocidade. A figura da República não deveria ser considerada uma figura de pai, mas a representação metafórica da associação dos cidadãos.

Conseqüentemente, o Estado deveria escutar mais os desejos e as exigências dos cidadãos, possibilitando, por meio de associações, programas e redes de sustentação, deixá-los rumo a suas decisões, uma vez que não colocassem em risco a comunidade. Assim, o Estado não estaria identificando em si a única força instituinte, mas dividindo com vários grupos a capacidade de refletir e agir na solução das situações e gerando responsabilidade e compromisso. Foi nessa perspectiva que nasceram os CTs. Eles têm a intenção de desenvolver projetos integrados que permitam resgatar a referência simbólica da autoridade e da aplicação de medidas socioeducativas necessárias à estruturação de sujeitos autônomos.

Os conselheiros tutelares são considerados pelas famílias o pai; o Estado que vai proteger, punir o que for necessário e resolver suas dificuldades, dando-lhes soluções para que aliviem suas angústias. "O CT é um novo membro de nossa família", "[...] é uma autoridade que ajuda, dá proteção, resolve nossos problemas", "[...] o CT não era mais nada daquilo que eu imaginava. A gente foi conversando. Não era mais alguém que ia me passar sermão, mas falar para mim o que eu tinha de fazer. Eu senti como se ele fosse uma irmã mais velha".

Sabemos que o sujeito social não se constitui sem o enfrentamento de obstáculos na assunção desse papel e sem a co-responsabilidade nessa relação. O conselheiro precisa abdicar-se de seu poder de pai e estabelecer uma relação de irmão, na perspectiva de que as famílias, na vivência dessa relação, estabelecerão mudanças na medida em que também ele se responsabilize pela transformação, numa busca constante do equilíbrio, adaptando sua estrutura às mudanças relacionais inerentes ao ciclo de vida de cada família. Nessa perspectiva, ao lidar com as famílias, sairá literalmente de seu papel de tutor, que significa proteger, defender, amparar, mas também quer dizer dependência ou sujeição vexatória, para articular, construir, multiplicar, co-responsabilizar e criar. Cumprir deveres não é o mesmo que assumir responsabilidades. Uma nova prática ou metodologia está implicada em uma nova visão dessa problemática também pelos conselheiros. A tarefa indica um trabalho de natureza relacional, subjetivo e político em um contexto humano, no qual é fundamental que se considere o vínculo e que a qualidade da relação possa promover a criação de alternativas e soluções, desvendar o mito do policial e o da resolutividade. Implica, ainda, compreender que os fenômenos ou as situações são, ao mesmo tempo, unos e múltiplos (*Unitas Multiplex*). Um todo é tecido por muitas partes que emergem da interação delas, as quais mantêm suas qualidades específicas (Morin, 2000a).

Essa nova prática consiste, ainda, em compreender que, ao estarem na convivência dessas famílias, seus conteúdos, suas vivências e seu valores constituem um rico conteúdo do senso comum, que talvez necessite apenas de novas articulações e de ser reconhecido, considerando as demandas e as singularidades de seus diferentes momentos e dimensões.

A proposta socionômica e sistêmica está fundamentada no desenvolvimento dos papéis para que cada pessoa possa, com espontaneidade e criatividade, dar solução a suas questões, atingindo níveis de autonomia reconhecida, consistindo, aqui neste contexto, em resgatar e reconhecer a competência dos conselheiros e das famílias. Devolvendo às famílias o comando de suas vidas, o compromisso com suas crianças e seus adolescentes, não as considerando impotentes e desqualificadas.

Para Ausloos (1996), ser competente não significa que a família saiba fazer tudo ou saiba fazer o melhor, mas ter competências. Embora, em certas situações, as famílias não saibam utilizá-las atualmente, não saibam que as têm ou estejam impedidas de as utilizar. Isso significa que a família não dispõe de "informação" necessária para funcionar de forma satisfatória. Informação no sentido dado por Bateson (1972). Uma informação que faz a diferença. Qualquer coisa que faça com que deixemos de ver as coisas como antes, que faça com que nos surpreendamos, que amplie nossa consciência e nosso olhar do mundo. Então, circular a informação, para o autor e para essa investigação, não é recolher dados, buscar ou dar informações ou conselhos. É parte dos conselheiros buscar, na comunidade, nos grupos ou na família a informação pertinente. Isto é, aquela que vem do sistema e a ele retorna para o informar do seu próprio funcionamento.

Nesse sentido, a atitude de quem trabalha com esses grupos carece de uma nova compreensão e de mudanças. Elkaim (1998) refere-se ao que trabalha com grupos como aquele que nunca pode responder por uma função normativa ou pedagógica. Seu papel mais importante consiste em ativar um processo de reorganização, e cabe aos membros descobrir as potencialidades que até então traziam bloqueadas ou latentes. Acrescenta que o próprio sistema gera sua mudança. Portanto, tomará formas e direções imprevisíveis. "O sistema torna-se o artesão de sua própria cura" (Elkaim, 1998, p. 304). O grupo autogerencia-se, encontra mecanismos de mudança.

Na perspectiva da complexidade, toda crise traz movimento e espaço de mudança. Para Freire (1993), a educação é sempre um ato político, comprometido. A condição para assumir um ato comprometido está em ser capaz de agir e refletir sobre sua realidade. Por essas questões, a educação tem caráter permanente e reconstrutivo.

A dimensão da educação nessa perspectiva possibilita abranger vários modos de intervenção preventiva de aspecto comunitário e institucional e construir sociedades alternativas no sentido da formação da competência humana para a autonomia, cidadania e para os valores éticos. Considera-se que cada pessoa tenha um papel a desempenhar em sua complementaridade e uma competência a ser reconhecida e oferecida a um objetivo comum, função de todos os cidadãos.

Em todo procedimento sociodramático, devem ser distinguidos metodologicamente três contextos: social, grupal e dramático (Moreno, 1975). No processo de aquecimento que ora terminamos de analisar, estiveram presentes o contexto social e o grupal. No primeiro, foram mobilizadas as interações dos papéis sociais, as instituições sociais, os campos de interação em que as formas simbólicas foram produzidas e o discurso público das pessoas carregado de todos os aspectos que o constituiu, enfim, a sociedade. No contexto grupal, estão mobilizados o discurso privado e as interações. É específico da sociedade em miniatura e de todas as articulações e interlocuções que acontecem no aqui e agora, representada, então, pelos CTs, pelas famílias e pela universidade (equipe de pesquisadores). A história particular desse grupo, as manifestações em torno do tema, seu processo de desdobramento, suas sensações e fantasias atualizam a interação.

O contexto dramático que analisaremos a seguir geralmente é aquele desenvolvido no cenário do "como se" (Moreno, 1975), sustentado pela atemporalidade do simbólico e imaginário. Aqui, há maior desdobramento do discurso privado na interação de todos os papéis e a concretização de todas as fantasias e sensações, de todos os sentimentos e pensamentos para uma elaboração e reestruturação integradora.

Dramatização: desenhando, brincando e entrelaçando nossos fantasmas

O sociodrama cria, na dramatização, um espaço para o desempenho espontâneo dos papéis sociais de cada um dos participantes, seus hábitos e comportamentos, permitindo desvendar as determinações culturais do grupo, tanto para quem o observa como para seus próprios integrantes. O exercício dramático implica a utilização do corpo, colocando a pessoa como um todo em processo de aprendizagem e de comunicação (Moreno, 1975).

No espaço do "como se" (contexto dramático), o grupo ou o indivíduo pode vivenciar a maneira como responderia ao contato, realizando, então, um treinamento antes de atuar na realidade, podendo tornar-se mais adequado e espontâneo na relação. Ao conhecer aspectos de subjetividade na ação dramática que não haviam tido acesso pela percepção, o protagonista (grupo ou indivíduo) desenvolve seu papel, inverte papéis com seus pares, ampliando o aprendizado de novas atitudes, valores e conceitos. No sociodrama, não aparece uma pessoa narrando suas ambigüidades naturais remanescentes em uma ação ordinária. O grupo coloca-se na ação explicitando-se, mostrando-se, vivendo uma emergência.

No momento denominado "Desenhando, brincando e entrelaçando nossos fantasmas" trata-se de descobrir valores e parcerias no grande grupo (conselheiros, famílias e equipe de pesquisadores) que se constitui em grupo próprio. Caminhavam pela sala conversando animada e descontraidamente em um clima de envolvimento, com sua espontaneidade liberada, favorecendo seu revertimento para o crescimento de cada um e do grupo. Percebia-se que sempre que as famílias ficavam juntas, formando um único grupo e misturando-se no meio dos conselheiros, apresentavam-se mais relaxadas, espontâneas e seguras, sentindo-se parte daquele grupo, como se de fato os conselheiros as protegessem.

Vimos que desenhar, brincar e entrelaçar nossos fantasmas é um ato de coragem. Todos se expõem no grupo por intermédio da ação. Na ação, não temos mais domínio do que vamos ou não mostrar. O corpo expressa os sentimentos, as percepções, os pensamentos e as fantasias que temos uns dos outros e um grupo de outro. Nosso corpo é feito um pincel que vai deixando marcas, figuras, e assim nos igualamos na ação de desenhar e brincar. Porém nossa singularidade também torna-se presente, uma vez que usamos formas, cores e nuanças diferenciadas. Somos todos atores e agentes terapêuticos uns dos outros (Moreno, 1972).

Foram colocados papéis coloridos no centro da sala e pediu-se a cada participante que escolhesse uma cor (verde, amarelo, azul, preto ou vermelho) que representasse melhor no aqui e agora a relação de cada um com os CTs. Essa atividade foi utilizada como um critério sociométrico para dividir o grande grupo em cinco subgrupos, para efetivar melhor o trabalho. Dessa forma, juntaram-se segundo um critério comum, possibilitando que, ao falarem dessa "preferência" pela cor e da representação que ela tinha para cada um, pudessem vislumbrar a emergência de um vínculo que iria estruturando-se ao longo da atividade. Possibilitou, ainda, que experienciassem a condição de produzirem e construírem juntos um modo de estarem em parceria.

Os cinco subgrupos, com números diferenciados de participantes, trabalharam com base nas questões: O que pensam a respeito dos CTs? Qual seu papel? Como se dá a relação CT–família?

Da discussão e produção de cada subgrupo, resultou a construção de imagens plásticas e cenas que comentaremos a seguir.

Construção de imagens e cenas

As imagens plásticas e cenas simbolizaram a síntese da compreensão e da representação que cada família tem dos CTs e vice-versa, como atuam em seus papéis, possibilitando revelar a realidade dessa relação. Essas imagens criadas com os atos e conteúdos oferecidos pelos sujeitos revelaram, por meio da vivência investigadora, a cada um em particular, seu modo de estar e atuar no contexto dos CTs e da família, nos papéis desempenhados, em sua história, na história desse grupo construída no "aqui e agora" (Moreno, 1975) da convivência social e na emergência das situações vivenciadas. A análise sociodinâmica das imagens permitiu conhecer os fatores ou indicadores que intervêem na interação do grupo. Essa prática é considerada terapêutica e social por conscientizar e/ou mobilizar as pessoas para novas ações e direcionar as atividades do grupo para a construção de um estudo metodológico. A simbolização, para Santos (1998, p. 217), "é a fase visível da representação da realidade".

Cada imagem foi construída no subgrupo que a originou, trazendo a simbolização e a compreensão do que se discutiu. As figuras foram retiradas da gravação de vídeo do sociodrama e feitas pelo desenhista Thiago Cavalcante Horta.

Figura 1: Tribunal

A primeira imagem é a do subgrupo que escolheu a cor verde, por significar a esperança de dias melhores para as famílias e toda a sociedade. Esse subgrupo via a relação família e CT como verde porque o "que é verde não está maduro", ou seja, precisa crescer e tornar-se maduro, necessita de melhor preparo para manejar os conflitos e a violência. Na cena, aparecem os conselheiros assentados em frente da família, também assentada. A mãe denunciada traz os filhos – crianças e adolescentes – e quer entregá-los ao CT. Ela não tem emprego; o marido saiu de casa, não contribui financeiramente, bebe e fuma "baseado". Os filhos não têm roupas e não freqüentam a escola. A mãe apresenta seu problema aos conselheiros e declara-se esgotada, não agüentando mais os filhos e querendo entregá-los ao Juizado. Ela ficou sabendo que, por meio dos CTs, conseguiria resolver seus problemas. O pai entra pela sala e reage às palavras da mãe e dos conselheiros. Estes, em uma atitude de confronto, como se estivessem em um tribunal, advertem a mãe sobre sua responsabilidade com relação aos filhos. A pesquisadora pede ao subgrupo protagonista que paralise a cena e aos subgrupos que não participam diretamente da cena (platéia), bem como os protagonistas, que falem de seus sentimentos e de suas percepções. Estes passam a relatar: "[...] a família é desestruturada", "[...] o conselheiro deve ser autoridade e mandar que o pai cale a boca", "[...] há desigualdade social", "[...] os pais são impotentes na administração da família", "[...] os conselheiros precisam ouvir separadamente os pais e os filhos e depois juntá-los", "[...] aquela família está mostrando uma cena habitual, ou seja, que o homem sempre está à parte, não participando, e a mulher assume sozinha as responsabilidades familiares", "[...] os pais são viciados". Após a platéia e os protagonistas exporem e compartilharem seus sentimentos, a cena se desfaz e passamos à segunda imagem.

Figura 2: Encontro

A segunda imagem é representada pela cor amarela que, embora pareça desespero para o subgrupo, significou luz e contentamento, por ter descoberto o CT e solucionado seu problema. É uma imagem que simboliza *encontro*, na qual uma família (mãe e filha) busca o CT e encontra apoio. A mãe e a filha, uma de cada lado da conselheira, abraçam-na. Sentem-se confirmadas em sua competência e em seus recursos próprios, recebem apoio mútuo. O subgrupo (platéia) e os protagonistas expõem seus sentimentos e suas percepções: "[...] acolhimento, união, amor, entendimento, apoio, solidariedade, encontro, solução, passos juntos". Após o compartilhamento de todos, a imagem é desfeita e o terceiro subgrupo apresenta-se.

Figura 3a: Autoridade

Figura 3b: Autoridade

Na terceira imagem, o subgrupo que escolheu a cor azul explica que a escolha dessa cor significou como eles percebem que deve ser a relação família–CT: "[...] uma relação de paz, transparência e afetividade". A cena traz um caso que se caracteriza por maus-tratos, uma cena de agressão, e baseia-se em fatos reais. O casal discute e agride-se verbalmente por causa da responsabilidade pela filha. A filha adolescente chega em casa e a mãe agride-a e espanca-a com violência. Um vizinho faz a denúncia por telefone à delegacia, que aciona um agente de polícia para buscar a família. Na presença do delegado, a mãe reage e este usa de sua autoridade, encaminhando-os ao CT. Aí, então, toda a rede de apoio é acionada. O conselheiro, diante da família, pede a esta que descreva os fatos. A mãe declara-se incapaz de cuidar da adolescente que não lhe obedece. O subgrupo (platéia) assim se manifesta ao congelar a imagem: "[...] realidade do dia-a-dia", "[...] realidade do CT", "[...] acontece sempre agressividade", "[...] parece que o CT é a extensão da delegacia", "[...] o CT tem que ter autoridade para lidar com os pais"; "... as famílias procuram primeiro a delegacia", "[...] o que a mãe fez com a moça faz muito mal à gente"; "[...] o CT deve aplicar medidas de proteção à adolescente", "[...] necessidade de maior clareza nas ações dos CTs, e que os CTs fossem mais divulgados com maior esclarecimento à comunidade". Um conselheiro deixa claro: "Os CTs têm mais autoridade do que a polícia, e que a autoridade que possuem independe da delegacia". Após os comentários da platéia e dos protagonistas, a cena se desfaz.

Figura 4a: Alternativa

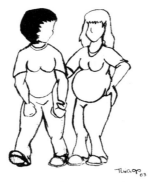

Figura 4b: Alternativa

A quarta imagem, do subgrupo que escolheu a cor preta, foi representada apenas por uma adolescente grávida. Colocamos uma auxiliar de pesquisa para interagir com ela e assim refletir sobre as questões propostas. Para a adolescente, a cor preta significou como ela se sentiu quando chegou e saiu do CT: "[...] fechada, muito assustada e com medo e, depois, com minha vida diferente". A imagem é da adolescente recolhida de cócoras, fechada, sem escolha e tensionada. A outra pessoa representava o movimento da adolescente: ia-se abrindo, erguendo-se, expandindo os movimentos até se abraçarem, na busca de alternativas, "amor, confiança, ajuda". O subgrupo (platéia) e os protagonistas expressam-se falando como vivenciaram a cena: "[...] renascimento, vínculo, esperança, regeneração, conforto, amor, reflexão, auto-estima resgatada, alternativa, saída". Logo após os comentários, a imagem se desfaz.

Figura 5: Democratização

A quinta imagem, do subgrupo que escolheu a cor vermelha, significou sentimento de emoção, vida, coração batendo forte. A imagem é representada por três adultos e uma criança. Cada um dos adultos fala da importância do ECA, da necessidade de seu cumprimento e de a sociedade e as instituições conhecerem-no. Ao terminarem a fala, erguem a criança bem ao alto, tendo esta o ECA nas mãos. Esse gesto simbolizou para esse subgrupo o retorno do ECA e a proposta de *democratização* desse conhecimento, via mediação dos conselheiros. O subgrupo (platéia) demonstrou seu sentimento e sua percepção com uma forte salva de palmas, expressando seu contentamento pelo resultado do trabalho. Logo depois, desfaz-se a cena.

Constatamos que as imagens construídas pelo grupo foram confirmando as questões levantadas no aquecimento e que então puderam ser sentidas e vivenciadas, respaldando o que os subgrupos produziram, que servirá de substrato para uma ação posterior.

Assim, a primeira imagem, representada pela cor verde, que significava "esperança de dias melhores para as famílias e a sociedade", vivenciada na cena de um tribunal, mostra exatamente o quanto essa relação conselheiro–família, num contato inicial, é minada pelas imaginações que uns têm dos outros, construída no percurso sócio-histórico dessa relação. A metáfora do tribunal (júri) evidencia sempre e necessariamente um discurso de poder, no qual alguém supostamente tem a função de julgar o outro. Tanto as soluções macro como as micro para os conflitos revestem-se do caráter de decisão de poder (Passos, 1999). Para o autor, todo Direito ou direito é socialmente construído, historicamente formulado, atendendo ao contingente, e conjuntural do tempo e do espaço. Atuam forças efetivamente contrapostas na sociedade em que o poder político se institucionalizou. O direito relaciona os homens, desigualando-os, e o juiz vai definir o que é justo na situação do conflito e, portanto, em ato de poder e de poder político.

Em um processo de júri, ficam explícitos dois lados. Uma divisão na qual um lado está convencido de um maior saber, desqualificando o outro lado, não levando em conta as percepções e os sentimentos presentes na situação. É baseado em uma verdade formal, e o juiz togado julga considerando essa verdade, esquecendo-se de que os conflitos nunca desaparecem, transformam-se. Portanto, todo júri implica uma sentença na qual uma das partes terá de cumpri-la, impedindo-a de refletir, elaborar suas diferenças, ficando subtraída da possibilidade de uma autocomposição. A idéia do júri dá-nos a sensação de que temos a tendência cultural de que tudo deve ser julgado, *a priori*, individualmente ou por grupos que se dividem, que estão sempre crendo que seus valores é que são os certos. Por um lado, essa atitude demonstra um descrédito na Justiça; por outro, não nos permite fazer uma leitura mais profunda e menos imediata. Leva-nos, portanto, a resoluções individualistas, não dando a oportunidade de resolução do conflito de forma mais participativa, na qual todos estão envolvidos na busca de um consenso que representa uma atitude mais solidária e cidadã.

A cena do tribunal mostra a ideologia e os preconceitos dos participantes, ao mesmo tempo que buscou desvendar as contradições existentes em seus discursos e em suas práticas. A complementaridade dos papéis de "policial, Justiça, daquele que julga e pune" amedronta o contrapapel do que tem de se colocar como o que "erra, o marginal, o foragido". A família da imagem denunciada ao CT chega sem a possibilidade virtual ou interna de um vínculo. Não sabia do CT, nem teve indicações de pessoas já atendidas. O CT, por sua vez, na mesma imagem, constata os conflitos, mas não ajuda a família a buscar seus próprios recursos, mantendo-a paralisada numa atitude assistencialista ao encaminhá-la para soluções como "cesta básica", "renda mínima", "pão e leite" e "bolsa escola", perdendo a oportunidade de uma reflexão-ação, uma vez que essa família teve, de uma forma ou de outra, a disponibilidade de entrar na relação com os CTs.

Constatamos que, embora o discurso dos conselheiros seja de que seu papel é o de defender e garantir os direitos das crianças e dos adolescentes, na ação eles apresentam suas posições pautadas em uma visão assistencialista, ou seja, na perspectiva da situação irregular, bem como na expressão de seu papel repressor e disciplinador da imagem do tribunal. Dão maior importância ao atendimento, à orientação e ao encaminhamento. Querem resolver todas as questões no sentido de assistir, ajudar e auxiliar.

Verificamos que a proposta da proteção integral de uma política educativa está na concepção pedagógica de uma reflexão-ação e no relacionamento educativo, mais do que no atendimento cotidiano das famílias que buscam a resolução de suas necessidades.

A segunda imagem, denominada "Encontro", de cor amarela, que para o subgrupo significou a princípio desespero ao buscar o CT pelos motivos já vistos, mostra um lado reverso, que é o contentamento de ter atingido seu objetivo e resolvido seu problema. Revela, ainda, o quanto se sentiu apoiado e acolhido pelo CT.

A imagem de encontro expressa a possibilidade de uma inversão de papéis. Desejo de ser acolhido, de encontrar apoio para resolução de seus problemas e alívio das tensões e do medo dessa procura. Inverter papéis implica uma relação de confiança mútua, de colocar-se no lugar do outro segundo seus desejos, suas ansiedades, seus medos, enfim, de seus estados de espontaneidade.

A perda de poder, em primeiro lugar sobre si mesmo e depois sobre as condições sociais, e a vivência constante em situação de risco que envolve o cotidiano dessas famílias, gerando a exclusão à cidadania, deixam-nas amedrontadas, desconfiadas e carentes. Esses sentimentos geram uma atitude de impotência, não permitindo ocupar seu espaço na relação que automaticamente lhe conferiria poder. Poder no sentido de ser e estar na convivência, de ter seus próprios valores, de ser reconhecido como cidadão, contribuindo e contribuinte de uma sociedade mais justa e igualitária.

Em uma compreensão da dimensão simbólica, podemos dizer que o "sinal amarelo" comunica um estado de alerta ou atenção. O percurso da imagem mostra, no primeiro momento, o CT sozinho e as famílias caminhando em sua direção numa perspectiva atenta, indo de caminhos individualizantes e do isolamento social às propostas de planos consistentes, mobilizadores de redes e dispositivos de continência. Alerta, também, no sentido de que o CT pode ir ao encontro das famílias numa perspectiva de mão dupla e de oferecimento, prevenção centrada na demanda da comunidade ou instituição para a promoção da saúde e da qualidade de vida.

A imagem constata o resultado de um processo social de exclusão, transgeracional (relações), vivido ao longo do tempo, e de um processo de conhecimento (comunicação), que se faz ao desmistificar o CT. O encontro é, na verdade, da família com a possibilidade de uma oportunidade que amplia suas perspectivas de esclarecimento e conhecimento para situar-se de outro modo.

Um conselheiro afirma: "O trabalho do CT é muito difícil, muito complicado. Não dá para você assumir tudo sozinho. A família tem de participar e, para isso, vai demandar do conselheiro uma ação mais próxima. Você tem de ter sensibilidade, tem de ter discernimento e principalmente bom senso, porque não se faz nada sozinho. É impossível, no CT, trabalhar sozinho na demanda. A gente precisa de uma série de outros órgãos, trabalhar em rede, para que sua ação tenha real possibilidade".

A terceira imagem, também uma cena, de cor azul, intitulada "Autoridade", significa "uma relação de paz, transparência e afetividade", confirmando-nos a importância da "autoridade com vínculo", como já mencionado.

Podemos fazer uma leitura de que a crise vivida por essa família trouxe-lhe novas oportunidades de conhecimento de seu funcionamento, de contato com os CTs e demais instâncias, podendo ampliar suas informações e seu pertencimento, passando ao papel de co-construtor de seu conhecimento.

Bittencourt (2002) relata que os chineses usam o termo *WEI-JI*, composto por dois caracteres, para referir-se à crise: perigo e oportunidade. Perigo no sentido de que as estruturas sociais e os padrões de comportamento apresentam-se tão rígidos que a sociedade não pode mais dar-se conta das situações cambiantes, tornando-se pouco criativa e espontânea na evolução cultural, chegando a desintegrar-se. Oportunidade no sentido de indicar opções a serem consideradas e possibilidades de novas relações e soluções.

O ECA é um instrumento que concede autoridade ao conselheiro. Cabe a este usá-la não com autoritarismo, gerando uma relação de poder. Sabemos que a concepção disciplinar articulada com o autoritarismo, ranço de nossa construção sócio-histórica, levou os órgãos de atendimento à criança e ao adolescente a funcionar apenas como mecanismos de poder e de controle. Autoridade implica saber negociar, ouvir e tomar decisões que possibilitem ao outro uma nova visão daquela questão.

De acordo com Sennett (2001), autoridade é um modo de expressar interesse por outrem. Muitas vezes, as palavras "autoridade" e "poder" são usadas como sinônimos. No sentido mais geral, é uma tentativa de interpretar as condições de poder, de dar sentido às condições de controle e às influências, definindo uma imagem de força. Para o autor, falar do sentido da autoridade como um processo de interpretação do poder é levantar a questão de quanto desse sentimento está nos olhos de quem vê. Entre as imagens de autoridade no século XIX, a que mais se destacou foi a do pai generoso e estável, superposta à do patrão. Essa metáfora está associada ao paternalismo. Na sociedade paternalista, os homens continuam a dominar. A dominação baseia-se em seu papel paterno: eles são os protetores, os juízes severos, os fortes. Nessa sociedade, nenhum pai pode assegurar a seus filhos um lugar conhecido no mundo, pode apenas agir como protetor.

A autoridade com vínculo é ainda a tentativa que os pais encontram nos CTs de salvar sua própria pele, para que também não sejam punidos. Uma tentativa de controle e interdição, uma vez que a autoridade dos pais ficou enfraquecida ou ausente pelo desgaste da relação. Se o limite não é posto pela família, é posto pela sociedade, via Justiça. Em geral, os pais também não receberam limites e a lei (ECA), via CT, diz assim: "vamos pensar de que outra maneira hoje eu posso educar meus filhos sem fazer exatamente igual ao que meus pais fizeram comigo (porrada) e em função dos excessos por parte das instâncias policiais". Como se cada um de nós tivesse autoridade e pudesse decidir o que deve ou não ser de cada um. É como se o ECA anunciasse o seguinte chamado: "Olha, existe um modo de fazer diferente, uma maneira de a família pedir ajuda ou de o CT ver que ela está precisando de auxílio e oferecer". A lei não diz que os pais não devem educar seus filhos e até puni-los. Os excessos são o que a lei proíbe.

Um membro de uma família faz o seguinte relato: "[...] compreendi que no CT eles fazem tudo para o adolescente não chegar a uma autoridade maior, então, eles dão soluções antes de ser necessário uma autoridade maior, a Justiça, sabe?", "[...] é uma instância que está mais próxima da família, porque ela está ali nas comunidades. Ela não está lá na Justiça".

Quase como resposta a esse relato, vem a fala de um conselheiro: "A Justiça dita: é isso aqui que vai ser e pronto. Nosso papel é impedir ou desembaçar a ação da autoridade judiciária, como se fosse um posto da Justiça na comunidade".

No depoimento das famílias, seu pedido é de que se construa com eles uma relação mais télica e espontânea, uma relação de compaixão no sentido do apoio e da disponibilidade para relacionar. Fica também presente nessa imagem como os papéis mudam sua complementaridade para aquele que "sabe tudo, resolve tudo, competente" e seu complementar, "o passivo, o que recebe, o que não sabe, o incompetente", permanecendo aí ainda uma relação de poder em outro sentido, em outra atuação, mantendo os CTs como mito da resolutividade, também reforçada pelos conselheiros.

Outro aspecto que a imagem mostra é a entrada de outras personagens em cena, essa cena pública vivida pelo CT e pela família. Essas novas personagens, personalizadas no delegado, no agente policial, no SOS Criança, no vizinho, revelam-nos a importância de uma rede de sustentação desse trabalho, que deve ser conjunta. Várias instâncias, não só o Poder Judiciário, mas também as ONGs e não-ONGs. A entrada dessas novas personagens mostra que Estado, sociedade e família precisam estar juntos nessa empreitada. É dado à sociedade civil poder de mudança e transformação, luta que os CTs ainda precisam travar, pois, uma vez mais conhecidos, reconhecidos e divulgados, talvez dêem conta de abstrair-se do poder que as famílias lhes atribuem e possam devolver a elas essa prerrogativa própria delas – desenvolver na família seus próprios recursos internos de busca de solução das dificuldades, resgate da competência.

Podemos, ainda, fazer outra leitura dessa imagem em relação ao tema da descentralização, vista num sentido amplo da palavra. Campelo (2001) observa que ela resultou de determinações histórico-estruturais que envolveram a sociedade moderna. A instituição do paradigma da descentralização aconteceu para substituir o modelo centralizador/autoritário das políticas sociais que estão presentes na história brasileira. A partir do período ditatorial militar, tornou-se uma tendência mundial no momento histórico e numa conjuntura social de crise econômica e de mudanças político-ideológicas, a partir dos anos de 1960. Com essa compreensão, foram instituídos os aparatos legais como os CMDCAs e os CTs. Suas funções e atribuições orientam-se pelos princípios de descentralização, municipalização e participação para atender às comunidades em seu acesso à Justiça, dispensando os júris.

Na quarta imagem, de cor preta, a adolescente deixa claro todo o movimento até aqui mostrado pelas imagens anteriores e acrescido de como deve ser a relação CT–família: o medo e a ameaça da chegada; a acolhida e o apoio no atendimento, mudando, então, a visão da família; um movimento nas duas vias da relação, em parceria e complementaridade. A imagem exibe família e CT em um movimento conjunto e consciente, cada qual em seu papel delimitado, desempenhando suas funções e responsabilidades.

A cor preta, que popularmente significa negação, luto, expressa a negação ao papel de moralista e controlador social com medidas de repressão e proibição que tanto espanta e apavora a comunidade na busca ao CT, em contraposição ao desejo manifesto pela adolescente da imagem, enfatizando a construção de um clima progressivo de confiança e espontaneidade que atenda a uma prática de mediação, buscando um espaço de compartilhamento e reflexão.

Os conselheiros expressam essa preocupação: "[...] a família busca o CT com a expectativa de uma solução, e quando a família não soma com a gente isso não pode acontecer. E aí a avaliação é que o CT não serve, ele não faz nada. Só que não existe mágica. Aí ficamos bastante angustiados quando não conseguimos alcançar aquela resposta. Algumas ações demandam bastante investimento por parte tanto do conselheiro como da família", "[...] somos uma pequena célula e devemos cumprir nossos verdadeiros papéis", "[...] a ansiedade que fica é quando você está mostrando às famílias quais alternativas elas têm de tomar e se elas conseguem encontrar o caminho [...] Aí, a gente fica feliz, porque, se ela não consegue, ela está sempre retornando a você e não percebe uma evolução da situação".

Uma família retruca: "O CT foi uma espécie de alternativa. A gente não estava tendo um lugar para conversar e ter mais equilíbrio e tentar amenizar a situação que estava acontecendo".

A denominação dada a essa imagem é "Alternativa", dando o sentido de que o CT é *uma* possibilidade, não a única possibilidade. Essa imagem representou, ainda, uma relação ética que vai da escolha à interação e à participação em regime de mutualidade. A família tem direito à escolha, à participação, mas é necessário que ela compreenda também ser uma parte do sistema, uma co-responsável pelas soluções e mudanças. Que o CT é, sim, uma figura de autoridade, mas que o movimento faz-se nas duas vias, e que a família possui sua própria auto-regulação e sua autoridade, porque tem seus valores distintos e sua competência, confirmando-se como o ator e não mais como o espectador. Dessa forma, família e CT passam a fazer parte de uma nova estrutura da sociedade brasileira, que se organiza e busca parceria com a comunidade, distribuindo melhor os papéis sociais no atendimento das necessidades de todos, na luta pela defesa de direitos e na garantia dos deveres sociais.

A quinta e última imagem, de cor vermelha, traz expresso o coroamento da produção do grupo. Significou vida, sentimento de emoção, coração batendo forte no intuito de expressar que a produção era de todos, que todos estão vivos e presentes. Embora sejam várias as formas de representação, a diversidade deve ser vivida e valorizada. Conselheiros, família, equipe de pesquisadores, crianças, adultos, verde, amarelo, preto, todos são conclamados a trazer sua emoção e colocar a criança e o ECA em destaque, produção de uma longa luta da sociedade civil para ser considerada em seus direitos e, a partir daí, ter passe livre para lutar por aqueles que ainda não descobriram seus direitos, seus deveres, suas competências e, acima de tudo, a cidadania. O aprendizado da cidadania propõe que as relações sejam estabelecidas com mais respeito e alteridade, solidariedade e cordialidade, ética e dignidade. Essa imagem define possibilidades, responsabilidades, encaminhamento, democratização. A cor vermelha, uma abstração que interliga sistemas e códigos, expressa, nessa imagem, uma contradição. Ao mesmo tempo que é um sinal que indica "pare", "espere", também significa vida, sangue que corre nas veias, sinal vital. Podemos observar essa contradição na percepção que as famílias têm do ECA. Ao mesmo tempo que vêem esse "livro" como um sinal de controle e até de possíveis punições, concebem-no, também, como uma possibilidade de acesso à Justiça, de organização de suas ações, possibilitando-lhes a confirmação de direitos como cidadãos. Por isso, conclamam-no na imagem, por saber que o ECA favorece uma prática social que lhes concede o lugar e o papel de ator social. Como fazer essa mediação entre o ECA, instrumento que contém os direitos e deveres de nós todos para com as crianças e os adolescentes de nossas famílias, e as famílias atingidas ou em risco social e promover a prevenção ou intervir? Será o papel do conselheiro apenas o de mediador?

Ao terem com o ECA uma relação de maior interesse, garantia dos direitos e conhecimento, as famílias passam a não vê-lo mais como uma ameaça à sua forma de ser, educar e criar os filhos. Configura-se, então, um desejo de que mais pessoas o conheçam, fortalecendo a rede de sustentação das instituições que geram o controle social, tornando esse campo de interação mais profícuo e mediador das situações. Porém percebemos que ainda existe nas famílias uma dúvida sobre o papel do ECA. Ficam divididos entre a maneira como foram educados e o novo modo proposto por esse "livro", mas, como estão sem alternativas e desesperados para sair daquela situação, faz-se necessária uma nova compreensão, um novo olhar para essas questões, e isso só será possível se mediado pelos CTs. Um novo jeito de abordar as famílias de tal sorte que elas possam ver-se com seus valores, mitos, medos e disponibilizar-se a sair do lugar, por compreender uma nova perspectiva, desenvolvendo e criando o que alguns conselheiros disseram: "[...] criar a capacidade para ajudar os pais a entender que a lei ajuda aquela pessoa. Temos de fazer mais reuniões com essas famílias", "[...] as famílias têm de se sensibilizar para isso [...] ver que o CT é uma lei de proteção à criança, mas, ao proteger a criança, está ajudando a família, e não só a criança".

O ECA é um substrato material, no qual as formas simbólicas e a comunicação de muitas gerações foram aclamadas. Ao ser produzido e transmitido, trouxe em seu bojo a noção de cidadania, rompendo com o paradigma da situação irregular, trazendo uma nova visão e procedimentos inéditos, tanto de direitos como de deveres, a todos os cidadãos. Instituiu as bases para a construção de novas estratégias de gestão das políticas sociais e exigiu a institucionalização de um aparato legal, que é o CT, dentre outros. Esses aparatos jurídico-institucionais têm o papel de mediar a relação Estado–sociedade e mais diretamente articular e democratizar o próprio instrumento que deu origem à sua criação.

Mediante a análise discursiva das imagens e cenas apresentadas pelo grupo, que representa uma estrutura articulada por meio da qual algo é expresso e contextualizado, observamos que ele está em um estágio de "diferenciação horizontal", tomando como referência o manejo de grupo ou as etapas de desenvolvimento das estruturas grupais (Moreno, 1992). Os indivíduos começam a reagir na presença uns dos outros, passando a travar conhecimento. A *tele* de cada um e do grupo é importante nessa fase e torna-se presente sobretudo pelo desempenho dos papéis na ação. É no resultado dessa interação que se estabelece gradualmente entre os parceiros do processo uma expectativa recíproca de papéis.

Considerando as bases psicológicas para todos os processos de desempenho de papéis, segundo Moreno (1972), podemos observar que os participantes vivenciaram ao longo da dramatização a Fase de Matriz de Identidade Total Diferenciada ou de Realidade Total, também denominada "Fase do Espelho". Para o autor, ela consiste em separar-se como sujeito da continuidade da experiência, sair desse emaranhado e ver-se separado do outro. Perceber o que é de sua experiência e o que é do outro. Vêem-se um por meio do outro e começam a distinguir indivíduos e objetos reais de indivíduos e objetos imaginários.

Ainda nessa fase da dramatização, tivemos uma última atividade, que consistiu novamente em subdividir o grupo em dois subgrupos de conselheiros e famílias com a proposta de um subgrupo dizer e pedir o que queria do outro.

As famílias expressam numa atitude de agradecimento: "Obrigado. Que vocês continuem nos ajudando a encontrar respostas", "[...] que sejam mais pacientes e tolerantes", "[...] que saibam como dirigir cada família, para que ela não se perca", "[...] que cada família é de um jeito e demora tempos diferentes para sair do problema"; "[...] que o CT fosse mais divulgado, que não fosse um bicho-de-sete-cabeças"; "[...] que fosse um posto de saúde que atende emergências", "[...] vocês têm de deixar a família expressar o medo e que tenham a sabedoria de deixar a família passar por aquele medo morto e sair do fundo do poço", "[...] o trabalho deles é muito difícil, é cheio de barreiras. Quero que vocês sejam as pessoas que foram até agora, sejam ainda mais próximas e que cada vez mais tenham as soluções. E que só quando a gente vem e precisa é que vai saber e entender o que é o CT. Precisa ser divulgado".

Nesse momento, observamos uma unidade lingüística ordenada, na qual aparecem inúmeros depoimentos das famílias agradecidas e vários pedidos para serem compreendidas, toleradas e aturadas, numa atitude ainda de submissão.

As famílias falam da necessidade de serem reconhecidas e diferenciadas em suas necessidades e potencialidades. Expressam ainda um desejo de pertencimento como o impulsionador do processo de sentirem-se sujeitos de direitos, cidadãos, como se quisessem acionar o sinal amarelo de atenção para que as formas de atuação dos conselheiros ativassem a busca de respostas geradas no contexto social, isto é, mais próximas de suas necessidades e de seus modos de compreender a situação.

Os conselheiros fazem observações mostrando seu contentamento por ver cada família junta e muitas famílias reunidas. Mantendo-se ainda em uma posição idealizada, dizem a elas que estão ali para atendê-las, que não estão lhes fazendo nenhum favor e querem trabalhar em conjunto: "[...] acho que ninguém vai esquecer a cena da chegada. Foi como uma premiação para o CT ver a família unida e completa, pais e filhos, e com o problema solucionado [...]", "[...] estou muito feliz, não fiz nenhum favor a vocês, é uma vitória de nós dois, na verdade, é um direito de todos, e que cada um tem o direito a todas as políticas públicas. Conversem sempre com seus filhos, almocem com eles, tomem café juntos, conversem no dia-a-dia e falem 'te amo'".

Nos desenhos, nas formas, nas configurações verbais e não-verbais e no entrelaçamento intersubjetivo vivido pelo grupo, observamos e constatamos que existem contradições, ambigüidades que levam a distorções nas ações, nas dificuldades, nas relações e numa complementaridade não explícita.

Na prática e no papel dos conselheiros, deverá presentificar uma preocupação com uma percepção do que se passa entre o observador e o observado. Tal preocupação será fruto de uma nova sensibilidade, flexibilidade e disponibilidade para conversações, estratégias, metodologias de ação inéditas e novos conhecimentos.

Um processo contínuo de dar-se conta de si mesmo e do outro, um processo de autoconhecimento emancipatório, propiciando a construção de uma ética de alteridade na qual os protagonistas do processo, ao assumirem seu papel de atores sociais, rompem com a perspectiva de transferência da responsabilidade para a resolução dos conflitos (Bittencourt, 2002).

Para essa proposta, a formatação dos CTs precisa ser mais preventiva e conter estratégias de ação. Não pode ser simplesmente resolutiva; tem de mudar sua concepção de espaço de trabalho, estendendo-se a âmbitos da comunidade e de toda a rede de sustentação, da qual falaremos mais tarde. Precisa, também, rever o modo como abordam as famílias, compreendendo que elas só expõem problemas capazes de resolver (Ausloos, 1996), ativando os processos que poderão observar, experimentar e mudar; que o desenvolvimento de suas potencialidades específicas vai além de mediador, rompendo com o modelo prevalecente de medo/punição ou incompetência/proteção. Nesse sentido, ao atenderem as famílias, elas sairão mais enriquecidas, com possibilidades de mudança social, escolhendo os melhores caminhos para a resolução, tornando-se agentes multiplicadores, transmitindo a outras famílias e diferentes espaços as informações recebidas e a qualidade da relação experimentada, vivida e apreendida.

Ao serem interrogadas sobre essa questão, as famílias expressam: "[...] a relação com os CTs não acaba, transforma-se".

Fechamento: a espiral do pertencimento – caminho para a construção de uma nova realidade

A terceira etapa do sociodrama, a qual chamamos de "A Espiral do Pertencimento – Caminho para a Construção de uma Nova Realidade", implica verificar como os participantes estão sentindo-se, o que perceberam do grupo e para sua vida. Sentamos em um grande círculo com todos os presentes e a palavra ficou aberta a quem quisesse se pronunciar.

Famílias e conselheiros reconheceram o valor do trabalho e falaram da importância de estar juntos realizando uma atividade, de ser reconhecidos em seus papéis. Os conselheiros comentam sobre a relevância de reunir representantes de todos os CTs e poder, pela primeira vez, realizar uma discussão elaborada da prática e "falar do meu eu, que é diferente de falar dos CTs", em um espaço onde tanto conselheiros como famílias e sociedade civil, representados pela equipe de pesquisadores, colocaram-se como pares num interesse coletivo, e da importância de organizar-se como grupo. "Temos de fazer mais reuniões como estas", "[...] foi bom estar aqui podendo conversar de outra forma, fazer uma reflexão comum", "[...] fiquei feliz ao ver, na chegada, a família junta, foi muito bonito".

As famílias ficaram muito contentes por conhecer os demais conselheiros de seu CT e saber que "elas (famílias) existem para eles e que agora conhecem muito mais gente do que antes". "Quando eu inscrevi minha filha no CT, achei que ela ia morrer, mas depois eu também fiquei protegida", "Eu agradeço vocês por mostrarem o caminho". Pela idéia de pertencimento, o grupo programa ter atividades como essa na própria comunidade. Cogitam a necessidade de uma discussão permanente a respeito do ECA, visto que a maior parte da população o desconhece.

Em função dessas perspectivas é que decidimos chamar esse momento de "Espiral do Pertencimento", uma vez que o grupo traça metas de ampliação dessa atividade como se fosse uma curva não fechada e contínua, que se afasta cada vez mais do ponto fixo, que era o medo e a impossibilidade de construção comum, dando certo número de voltas em torno dele, ficando acrescido de novos conhecimentos que não têm dono, mas que é de todos num movimento de co-construção.

CT: "É muito importante tomar consciência do que é ficar junto", "Estamos vivendo um momento muito importante, porque conversar e ter um contato mais direto é enfrentar as dificuldades".

F: "O CT é como se estivesse vivendo junto, conhecendo o problema da nossa comunidade".

Levando em conta esse conjunto lingüístico, fica explícita a importância dada por todos de estar juntos, construir juntos, pertencer para enfrentar dificuldades e transformar conflitos. A imagem da espiral deixa presentes dois movimentos relevantes: um de encontro, quando todos precisam estar juntos, refletir para direcionar novos rumos e alternativas; e um outro contínuo, que nos dá a sensação de um distanciamento também necessário aos relacionamentos. Essa caminhada contínua, que aqui chamei de distanciamento do ponto comum ou de encontro, é o momento em que cada um ou cada família vai auto-organizar-se, reciclar-se e autogerir-se para futuros encontros. É como se transitássemos em uma larga avenida onde os sinais amarelo (atenção), vermelho (pare) e verde (siga) possibilitassem encontros diferentes em cada um desses espaços. Isso significa que em nossas crises, andanças ou encontros temos modos diversos de encarar essa movimentação, implicando encontros diferentes que são construídos e constroem-se nesse transitar, tendo ritmos, escolhas e espaços variados. Vamos viver conseqüências diferentes e a responsabilização é de cada um, portanto, temos de estar atentos aos sinais presentes na relação.

Os conselheiros ainda pedem ajuda, o que eles definem como "abordagem instrumental e técnica", principalmente para tratar de temas ligados a maus-tratos, violência e sexualidade. Sabem que esses temas são constantes em seus trabalhos com as famílias, que precisam preparar-se, reciclar-se, e que a existência de políticas públicas contribuiria para tais programas.

Todas as atividades realizadas no sociodrama, desde o aquecimento, passando pela ação dramática propriamente dita, até o fechamento, foram exploradas no sentido de alcançarem os objetivos desse instrumento. Essa exploração passa pelo sentir, perceber, pensar e agir, elementos presentes na aprendizagem e no novo olhar que cada um teve ao sair da atividade, tanto com os pares como com os complementares. Os participantes perceberam que na resolução de conflitos necessitam respeitar as dimensões cognitivas, afetivas, sociais e de valores dos sujeitos participantes. O que foi vivido foi mais importante do que o conteúdo manifesto.

Neuburger (1999) realça a questão do mito do pertencimento e observa que as crises dos grupos são míticas, isto é, são provocadas por ameaças ou ataques ao mito do pertencimento que sustenta a identidade do grupo, como suas crenças compartilhadas concernentes às características de cada grupo, à distribuição dos papéis e das funções e aos círculos de decisões. Todos temos essa necessidade vital de pertencer para existir. Contudo, para que todas as pessoas amadureçam em um grupo, seja ele qual for, precisam buscar sua autonomia, que implica uma ação corajosa de distinguir-se e individualizar-se no sistema em direção à sua autonomia. Isso significa separar-se para pertencer. Não ser mais massa de manobra, mas viver um processo afetivo interno e em diferentes níveis de autonomização. Viver um processo constante de reflexão sobre suas experiências, avaliando as conseqüências de suas atitudes e desenvolvendo sua capacidade de fazer escolhas e tomar decisões. Pertencer a um grupo é sentir-se confirmado em sua identidade e competente em seu papel para, por meio dele, pensar e resolver suas crises evolutivas.

Mediante uma interação transformadora vivida no sociodrama, os participantes sentiram-se mais autônomos, pois se encontravam mais fortalecidos para negociar regras, respeitar as diferenças, tolerar frustrações e perceberam-se na relação com um grupo investido. É importante para todas as pessoas situar-se em um pertencimento estruturante, ser acompanhadas e compreendidas em seu sofrimento e seus anseios. Portanto, o sentir-se pertencendo tem uma correspondência direta com o papel de cuidador *versus* cuidado, no sentido de ser a ponte para a autonomia. Para Morin (2000b), a autonomia é feita de um tecido de dependências. Assim, a identidade constitui-se do cruzamento de vários pertencimentos. O grupo de conselheiros e as famílias gerenciaram seu sentimento de pertencimento, pois preservaram suas identidades e a de todos os membros, portanto, auto-organizaram-se em sua heterogeneidade.

Por meio do instrumento aplicado, observamos o efeito extraordinário que a dinâmica de um grupo pode apresentar a partir do momento em que formas concretas de ajuda mútua, também de apoio possibilitaram a condução de um novo olhar sobre situações e dificuldades semelhantes vividas pelos participante cotidianamente.

A solidariedade e o compartilhar dão origem a elementos responsáveis pelo aparecimento de novos contextos de comprometimento, institucionais ou individuais, cujas ampliações e multiplicações suscitam a eclosão de outras possíveis. Essa investigação pretende contribuir para trabalhos desenvolvidos em contextos comunitários, por conter uma interface entre uma ação social e uma ação veiculada ao Jurídico e também por incluir aspectos clínico, social e político em uma intervenção que pretende ser psicossocioeducativa.

Ao falar da gênese da socionomia, Moreno (1992) aponta que um de seus primeiros projetos deu-se segundo uma ordem axionormativa universal do cosmo e, dessa maneira, formulou duas hipóteses:

- da proximidade-espacial: postula que, quanto mais próximos no espaço dois indivíduos estão entre si, mais devem um ao outro sua atenção imediata e aceitação;
- da proximidade-temporal: postula que a seqüência da proximidade no tempo estabelece uma ordem precisa de atenção e veneração de acordo com o imperativo temporal. O aqui e agora demanda em primeiro lugar. O que está anterior ou posterior em tempo ao aqui e agora requer ajuda em seguida.

Para compreender melhor essa ordem de funcionamento, Moreno (1992) ressalta as distinções encontradas em organizações de grupos de acordo com seu nível de desenvolvimento. Sugere que as formas mais diferenciadas de organização de grupos desenvolvem-se do mais simples para o mais complexo, num processo de individualização e diferenciação cada vez maior entre as pessoas (lei sociogenética), numa visão do aspecto temporal. No sentido espacial, as distinções encontradas em organizações de grupo dizem respeito à composição da população em diferentes áreas geográficas sociométricas. As diferenças na organização do grupo ocorrem em estágios distintos de desenvolvimento à medida que os indivíduos e suas interações tornam-se mais maduros, tal como a lei sociodinâmica, e que os indivíduos isolados ou privilegiados tendem a permanecer isolados e privilegiados na organização social formal. Vemos, então, que os grupos estão unidos direta e proporcionalmente ao grau de atração existente entre eles. Moreno considera que os grupos estão organizados e distribuídos no espaço conforme os vínculos de atração, rejeição e indiferença estabelecidos por seus integrantes. Portanto, quanto maior a variedade de correntes psicológicas unindo ou dividindo partes do grupo, maior parece ser a tendência do desenvolvimento de caminhos por meio dos quais podem fluir as redes. Um dos processos – o de indiferenciação – separa os grupos; e o outro – o de transmissão e comunicação –

une-os. Esses ritmos alternados de forças, de contração e expansão, sugerem a existência de lei da gravitação social.

Ao chegarmos ao final do primeiro momento, sociodrama "Trabalhando os Conselhos Tutelares", podemos ver o grupo numa etapa de desenvolvimento a que Moreno (1992) chamou de "estágio de diferenciação vertical", no qual um membro do grupo atrai especialmente a atenção do outro, surgindo assim indivíduos mais ou menos destacados e conhecidos segundo o desempenho de papéis de cada um e a posição que cada um assume diante dos temas, dos conteúdos e das vivências. Corresponde ao que Moreno (1972) chamou de "matriz de identidade da brecha entre fantasia e realidade". Ela é marcada pela ocorrência da brecha entre fantasia e realidade, quando nas fases anteriores ficava presente de forma difusa e misturada. Formam-se, aí, dois conjuntos: um de atos de realidade e outro de atos de fantasia. É também chamada de inversão de papéis. Nesse tempo-espaço, os participantes não só se situam ativamente na relação com o outro, como também têm clareza e explicitação de quem são e quais papéis sociais ou psicodramáticos cada um desempenha, podendo, também, viver o papel do outro na relação – complementar. Completa-se assim o ciclo para a aprendizagem da inversão de papéis. Estamos falando da aprendizagem do desempenho do papel de ator social na relação conselheiro–família.

Dessa forma, passamos pelas três dimensões do universo social, tricotomia social, conforme Moreno (1992):

- *sociedade externa*: grupamentos oficiais, palpáveis, visíveis e legítimos ou informais e ilegítimos: Funabem, SAM, CTs, família, Estado, sociedade civil, CMDCA etc.;
- *matriz sociométrica*: estruturas sociométricas internas, visíveis pelo processo sociométrico de análise. São os campos de interação das pessoas e dos grupos aqui citados, as correntes psicológicas, as forças contrapostas e as motiva-

ções internas, cujos representantes foram os conselheiros, as famílias e a equipe de pesquisadores;

- *realidade social*: síntese dinâmica e interpenetração das duas tendências. Em um nível macro, seria todo o produto dessa luta na qual não há mais espectadores e sim atores e seus códigos de funcionamento, como a CF de 1988 e o ECA, que em uma interação dinâmica já viraram conserva cultural e necessitam ser pensados no conjunto a cada situação, portanto interpretados e reinterpretados. Em um nível micro, é toda produção do grupo aqui-agora que está representada pelos indicadores.

Ao término da análise da aplicação do primeiro instrumento – sociodrama "Trabalhando com os Conselhos Tutelares" – apontamos que ele nos possibilitou trabalhar a integração do grupo, detectar o conhecimento comum entre os participantes e reinterpretar as dificuldades e contradições dessa interação que espelhava a sociedade mais ampla. Portanto, esse instrumento aproximou-nos de quatro aspectos importantes para essa pesquisa, como: movimento grupal, relação CT–família, metodologia sociodramática e metodologia de construção de abordagem às famílias.

Desse processo dialético vivenciado pelo sociodrama e sintetizado nas imagens plásticas, resultou, então, um material produzido pelo grupo e organizado em indicadores. Esses indicadores, ou eixos temáticos, revelaram o significado da construção social da relação CT e família; das necessidades de os conselheiros organizar-se como grupo em torno de temas necessários à sua qualificação e formação como agentes sociais de mudança, como mediadores do conhecimento entre o ECA e a sociedade; e da possibilidade de tornar-se multiplicadores de um modo de abordagem às famílias.

9

De "bombeiro" a multiplicador

Ao articular uma rede de sustentação a seu trabalho, o CT identificará na comunidade as necessidades e as carências de informações que possam ser transformadas em soluções criativas, promovendo a autogestão das famílias e demais instâncias e conquistando a sustentabilidade mediante ações planejadas de forma participativa e interativa. O desenvolvimento local integrado e sustentável permite à comunidade o desenvolvimento de suas condições e a promoção da melhoria da qualidade de vida das pessoas (Bittencourt, 2002), diminuindo o assistencialismo e atribuindo responsabilidades. Toda intervenção fundada na aceitação da crise, do natural e da naturalidade com a qual lidamos com espontaneidade e criatividade progride na descoberta de sua auto-organização (Ausloos, 1996).

Ao potencializarem demandas aparentemente individuais em demandas coletivas, os conselheiros contribuirão na formação de um sistema valorativo muitas vezes diferente do imposto pela legislação, atendendo à singularidade de cada família e assegurando sua mudança e transformação. Essas vivências serão, então, transferidas para outras famílias e instâncias, possibilitando a auto-sustentabilidade dos sistemas ao construírem novos padrões de convivência e cidadania, descobrindo formas que aliem o saber (teoria) à prática (intervenção) e possibilitando aproximar o conhecimento do senso comum ao conhecimento científico (Santos, 1998).

Sudbrack (1999, p. 171) considera "os multiplicadores os verdadeiros agentes sociais de mudança na medida em que promovem saúde entre segmentos populacionais ainda excluídos da rede pública de assistência".

O multiplicador ou agente social de mudança é aquele que faz com muitas mãos uma busca criativa dos recursos inerentes a cada um, tornando possível o desenvolvimento dos papéis, a busca da competência e a renovação da esperança presente em todo sistema humano.

Vemos assim, no dizer de Andolfi e de Haber (1998), o agente social de mudança como aquele que, ao incluir-se no incomum, no novo e no imprevisível, permite respostas criativas na redução do sofrimento e na melhoria dos relacionamentos. O multiplicador traz à comunidade atendida uma nova perspectiva, possibilitando a seu complementar diferentes maneiras de relacionar-se uns com os outros e com o atual problema, dando maior flexibilidade e abertura às mudanças.

Observamos que a formação do multiplicador passa necessariamente por uma formação pessoal e técnica. Para qualificá-lo nas relações pessoais, essa formação passa ainda pelo sentido apontado por Vasconcellos (1995), por uma "trans-formação".

Segundo as famílias, quando estas buscam o CT por uma indicação vão mais abertas e prontas a receber o conhecimento. A informação vinda de outra família a respeito da atuação dos CTs faz a diferença. Destacamos a extensão da atuação do CT fora de seu espaço, buscando outras possibilidades de atendimento, dando informações e orientações em escolas, fóruns, seminários, centros sociais e de saúde, mediando o Estado, a sociedade e a família em favor da criança e do adolescente em situações de risco eminente ou emergente, mas também fazendo prevenção, promovendo a saúde em suas diversidades e o conhecimento do ECA.

Assim, outras tantas famílias estariam sendo atingidas e beneficiadas ao vivenciarem essa experiência dentro de sua proposta de solução dos conflitos, porém sem jurisdicionalizá-las. À medida que constroem com as famílias atendidas uma relação de respeito, compreensão de seus valores e suas necessidades, reconhecimento de sua competência e estendem seu campo de ação para fora do CT, trazem para si uma nova dimensão para seu papel de conselheiro, que é a dimensão de multiplicador, agente social de mudança. Antes de fazer encaminhamentos, dar soluções às questões e aos conflitos ou aplicar medidas socioeducativas, o conselheiro precisa expandir a concepção de sua função: de bombeiro a multiplicador, articulador, parteiro, formador, terapeuta e tantas outras.

O multiplicador vincula, articula, expande seus horizontes e está comprometido em expandir o horizonte dos outros na relação. A reflexão vem junto com a ação, e logo uma rede de sustentação fica presente.

Com base no entendimento da multiplicidade e no alcance da dimensão de multiplicador do papel de conselheiro, buscamos a auto-sustentabilidade futura da cidadania, cujo objetivo é promover a proliferação de espaços públicos não estatais, por meio dos quais seja possível republicizá-los, tornando-os um campo de experimentação no qual todos exercitarão a co-responsabilidade pela manutenção e conservação das relações interpessoais, dos papéis, das redes socionômicas e, por fim, dos ecossistemas.

Essas necessidades vitais de todos os grupos, associações, enfim da sociedade, requerem profissionais disponíveis que não estejam fixados em suas especialidades, abrindo perspectivas para o "cuidado" com o outro, possibilitando ser terra fértil para o desenvolvimento. Quanto mais parceiros, multiplicadores e parteiros do crescimento, do compartilhar e do vivenciar tivermos, mais a sociedade terá sua auto-sustentabilidade.

À luz dos autores Bittencourt, 2002; Demo, 2001; Freire, 1993; Moreno, 1992; Santos, 1998, fica evidente que o papel do multiplicador ou trabalhador social dá-se no processo da estrutura social, numa inter-relação sistêmica em movimento, na qual a mudança é uma das dimensões. Nada é absolutamente estático ou dinâmico, mas um jogo dialético da mudança-estabilidade permanentemente no tempo vivido pelos homens em um mundo de acontecimentos, valores, idéias, instituições, linguagens, símbolos e significados.

Para Freire (1993, p. 51), "se o homem é capaz de perceber-se enquanto percebe uma realidade que lhe parecia em si inexorável, é capaz de objetivá-la, descobrindo sua presença criadora e potencialmente transformadora da mesma realidade". Todos – conselheiros, famílias e pesquisadores – são participantes, atores sociais e não objetos do processo de transformação. E, se assim não se sentem, pelas dificuldades inter-relacionais ou da própria estrutura social, cabe ao multiplicador problematizar esse estado mediante a ação-reflexão-ação. Ao mudar uma das dimensões da estrutura, as respostas a essa mudança não tardam. A percepção social é um produto derivado da estrutura das relações humanas (Moreno, 1992). Percepção na qual se encontra implícita a mudança cultural que provoca a mudança de atitudes e a valorização (Freire, 1993). Portanto, substituir uma percepção distorcida da realidade por uma percepção crítica, uma tomada de consciência é o papel do multiplicador. Isso porque refletir é também avaliar, e avaliar é também planejar e estabelecer objetivos para qualquer prática, seja ela educativa, social ou política, como ressalta Demo (1999).

Nessa compreensão do papel do conselheiro seria importante lançar um novo olhar à dimensão de mediador. Warat (2001, p. 79) compreende a mediação como "uma forma ecológica de autocomposição na medida em que, ao procurar uma negociação transformadora das diferenças, facilita uma considerável melhoria na qualidade de vida". O autor substitui a palavra "negociação" por "autocomposição", por entender que a negociação transforma o processo em um acordo de interesses patrimoniais. A autocomposição é uma proposta transformadora do conflito porque não busca sua decisão por um terceiro que está fora do processo, mas a resolução pelas próprias partes. Vista dessa maneira, a mediação não se preocupa com o litígio, ou seja, com a verdade formal. Ela é um procedimento de intervenção sobre todo tipo de conflito e, portanto, seu aporte teórico tem de ser mais psicológico do que jurídico. É um modo alternativo de intervenção dos conflitos, na alteridade. Isto é, a possibilidade de transformar o conflito e de transformarmo-nos nele.

A priorização de ações que contemplem as motivações e os interesses dos diversos segmentos institucionais presentes em uma organização comunitária faz com que essa prescinda do trabalho voluntário. A questão da aprendizagem e da qualificação de profissionais não-especialistas tem sido construída e desenvolvida com base em teorias e técnicas da psicologia, como a psicologia comunitária e outras áreas do conhecimento científico, numa perspectiva de multiplicação do conhecimento. São considerados voluntários os participantes de uma comunidade sujeitos (com maior número de escolhas, mutualidades – estrelas sociométricas – Moreno, 1992) na organização e estruturação de atividade e na implementação de projetos e programas, pois possuem grande potencial para a mobilização, e seu trabalho é validado segundo os princípios de participação e solidariedade. Ser voluntário (Lei do Voluntariado n. 9.608, de 18 de fevereiro de 1998) requer uma predisposição para estar junto, aproximar-se de outras pessoas.

Barreto (1990) cita quatro princípios éticos na formação de terapeutas comunitários:

- rompimento com o isolamento entre o "saber científico" e o "saber popular", fazendo um esforço para exigir um respeito mútuo entre as duas formas de saber, em uma perspectiva de sentido de complementaridade, sem rupturas com a tradição e sem negar as contribuições da ciência moderna;
- solidariedade e respeito ao processo de libertação do homem que sofre;

- ação centrada no encontro com as pessoas que sofrem para que vivenciem juntas na comunidade o acolhimento, a cura;
- ecologia de espírito: respeito à diversidade cultural e a seus sistemas de representação.

A palavra grega *therapeutes*, na visão de Moreno (1992), significa assistente, criado. A expulsão de demônios do corpo das vítimas é o mais antigo procedimento terapêutico e consistia em recitar encantamentos ou exconjuros mágicos sobre a pessoa enferma. Como o paciente não era capaz de expulsar o demônio por si mesmo, necessitava de um assistente, ou um agente chamado *therapeutes*. O *therapeutes* era sempre um homem de virtudes, um sacerdote, réplica primitiva do principal ator terapêutico no teatro para o psicodrama. Para o autor, o teatro, muito antes de ser um local para representações de artes e diversões, foi um lugar para a terapêutica procurado pelos doentes para a catarse. Moreno tratou logo de resolver essa questão. Portanto, desenhou um novo teatro, sem espaço para os espectadores. No teatro do psicodrama, todos são atores potenciais, agentes *therapeutes* uns dos outros. Todos buscam a ação e o ideal é que cada um representasse a si mesmo, fosse seu próprio protagonista e atuasse em episódios de sua vida sem necessidade de um autor que lhe dissesse seu *script*, sem ensaio, deixando seus estados de espontaneidade guiar seus atos.

Para desempenhar o papel de multiplicador, novas visões precisam ser percebidas, como: essa forma de intervir é considerada uma socioterapia por estarmos constantemente lidando com o processo de transformação e mudanças nos e dos sistemas sociais; o multiplicador tem competência transformadora como agente de mudança e é pólo de promoção e reorganização da realidade social; ele é um construtor por ter uma ideologia de intervenção e possibilitar uma intervisão entre os participantes, e desses com sua realidade, dando-lhes novos desenhos; o multiplicador é como um espelho, ao devolver a imagem à comunidade reconhece o outro e permite-lhe reconhecer-se, devolvendo-lhe a confiança em si mesmo; não existe um só modelo de intervenção válido; são inúmeras as realidades existentes e distintas; a sociedade humana dispõe de mecanismos terapêuticos coerentes com seu contexto, com o local e o global; aquele que cuida nem sempre é o especialista; a construção social pode ser considerada uma terapia.

Assim, podemos qualificar, capacitar e instrumentalizar pessoas não especialistas para atuar em atividades como a de multiplicador e/ou de agente social de mudança. Essa qualificação é o suporte de que necessitam para avançar em seu ofício, aumentando a efetividade dos métodos usados. Demo (2000, p. 11) diz que "o sentido da formação da competência humana para a autonomia solidária precisa ser inequívoco". A cidadania é o objetivo que encerra a maior das aprendizagens porque busca o sujeito emancipatório. Funda-se no manejo crítico e criativo do conhecimento e, em termos de valores e ética, na construção de sociedades alternativas. O sujeito inventa seu próprio destino. A competência gera informação, inovação, auto-solução e responsabilidade para assumir a autoria de seus atos, estabelecendo um foco no presente e uma preocupação com a tarefa educativa. Ser educador é trabalhar todo tempo com as dimensões de identidade, pertencimento e autonomia (ser e refletir), interagindo a ordem-desordem-organização em um princípio de imprevisibilidade.

Morin (2000a) estabelece uma correspondência entre a disjunção e a especialização e atenta para o fato de que a hiperespecialização impede tanto a percepção global (que ela fragmenta em parcelas) como a do essencial (que ela dissolve), trazendo à discussão que os problemas essenciais nunca deveriam ser parcelados e os problemas globais são cada vez mais essenciais.

Ao colocar-se do ponto de vista do observador, Schon (1983) diz que vivemos uma mesma situação de mundos subjetivos e que explicar o que fazer é sempre mais pobre em relação ao que se faz. Há mais sabedoria em fazer do que em falar como fazer. Só podemos conhecer efetivamente quando vivenciamos o conhecimento.

Nessa descrição, algumas concepções vão deixando o pano de fundo e tornando-se referências para a montagem de uma metodologia de abordagem: multiplicação, papel, práticas sociais, intersubjetividades, estratégias, ação, co-construção, reflexão e conhecimento.

Rapizo (1996, p. 24) realça que "a multiplicidade de mundos possíveis tem levado à emergência do pluralismo profissional. Coexistem e competem inúmeras visões da prática profissional, do papel do profissional, dos valores centrais para a profissão e do conhecimento relevante para a prática". Essas considerações remetem-nos a diversas dimensões do papel de conselheiro: mediador, multiplicador, educador, agente social de mudança, terapeuta, parteiro, "bombeiro" e tantas outras. Essas dimensões desdobram-se em processos que são centrais para a competência profissional de conselheiro, mas todas só vão presentificar-se no processo de reflexão da prática e do conhecimento, na ação, na "arte da intuição" (Schon, 1983) e na multiplicação das experiências e dos conhecimentos adquiridos na prática social e no compromisso social extenso aos demais. Portanto, essa dimensão de multiplicador, para nós, concentra e incorpora todas as outras dimensões, por ser uma forma de participação ativa, emancipatória na construção da identidade do sujeito de direito, do cidadão, atingindo o maior número possível de pessoas. Implica a equação: relação <–> fazer = processo de conhecimento na prática, criando junto com outros sujeitos a relação, a informação pertinente ao sistema (Ausloos, 1996) e a ação-reflexão que impulsionará a tomada de decisão e, conseqüentemente, a solução do problema.

Com todas essas referências, consideramos o conselheiro multiplicador implicado pessoalmente na função de co-construtor do conhecimento, não se fixando em um conhecimento de certezas, mas transitando nas incertezas e nas imprevisibilidades, na busca do resgate de si mesmo e do outro, assegurando a construção conjunta à medida que atribui ao senso comum participação na produção do conhecimento.

Como então transformar esse espaço profissional conselheiro em multiplicador com base na construção de uma metodologia de abordagem às famílias? Cabe a essa criação metodológica, que foi co-construída na interação conselheiro–família, via sociodrama, conter e contemplar todas as nuanças, os aspectos e as perspectivas discutidos ao longo desta pesquisa-ação.

10

Metodologia de abordagem às famílias: uma perspectiva de multiplicação

Os indicadores produzidos e organizados, fruto do trabalho e da interação dos conselheiros, das famílias e da equipe de pesquisadores nos sociodramas, retratam a organização dos movimentos sociais a partir dos anos de 1980, mais fortalecidos diante de uma nova conjuntura política, cuja abertura permitiu a democratização, a participação dos sujeitos, a gestão de instituições governamentais, as ações coletivas e a interlocução com o governo.

Esse novo modo de funcionamento também se refletiu nas diferentes áreas de conhecimento, mudando seus modelos de atuação. A psicologia, particularmente, busca uma epistemologia que fundamenta abordagens terapêuticas baseadas na criação conjunta de significados para as experiências, com uma prática que realça o respeito à diversidade cultural e às dinâmicas de poder. Essa epistemologia conduz-nos à crença na legitimidade do outro, que é diferente de nós, e é também capaz de gerar os recursos próprios para gerir a vida (Waldegrave, 2001). Essa atitude de co-construção da realidade da relação CT–família, sem impor valores e gerando novos conhecimentos, foi nossa meta nessa intervenção, cujo resultado são os indicadores que serão aqui transformados em uma proposta de trabalho com as famílias. Trata-se, portanto, de um processo histórico de conquista da autopromoção, que é o centro da questão qualitativa, gerando seus desejos políticos que sedimentam as metas de autogestão, democracia, liberdade, convivência e auto-sustentabilidade das comunidades.

Essa proposta metodológica tem a finalidade de favorecer o desenvolvimento do papel de agente social de mudança em um contexto coletivo. Uma vez vivenciada com o emprego do sociodrama, despertará o potencial desse grupo para uma "revolução criadora" (Moreno, 1953), atentando para uma concepção de ação social com perspectiva de multiplicação. Então, a proposta de co-construção possibilitou aos participantes retornar a seus contextos comunitários e fazer intervenções aproveitando a própria experiência vivida e, conseqüentemente, as famílias também farão o mesmo em seus espaços. A dimensão política desse evento tem a preocupação de transformar significados em ações para produzir mudanças.

Trabalhamos, então, atendendo à proposta sociodramática de colocar a psiquê em ação e trazer a verdade por meio da prática reflexiva, desencadeando uma ação conscientizadora. Essa ação mobilizadora desenvolveu novas texturas, tramas e retramas, sempre com o olhar de investigação e busca dos retalhos de uma história que se coloca como oficial. A montagem da "colcha de retalhos" reúne saberes populares e científicos em uma autocomposição grupal, sob uma perspectiva de horizontalização do conhecimento, resgatando a competência do ator social, do multiplicador, do educador, do mediador contido em cada um de nós.

Após todas essas considerações, passamos então a apresentar como ficaram organizados e configurados os itens da proposta metodológica estabelecidos numa co-construção e vivenciados utilizando como instrumento o sociodrama.

Identidade dos conselheiros e das famílias atendidas pelos CTs

- Quem é o conselheiro?
- Construção coletiva dessa identidade.
- Perfil do conselheiro: De onde vem? Onde estava na comunidade? Por que quis ser conselheiro? Está habilitado? O grau de instrução é indispensável? Quais as habilidades necessárias? Como devem ser o posicionamento e a conduta do conselheiro?
- Seu papel é de agente social?
- Quais são nossas funções, além da estruturação do CT?
- Como separar o papel de conselheiro dos papéis familiares (de pais, filhos etc.) e aplicar as medidas socioeducativas adequadas às situações? Como ter, por exemplo, a sensibilidade de pai, analisar o caso e aplicar medidas como conselheiro?
- Estruturas das famílias e seus padrões.
- A responsabilidade dos pais, mesmo não convivendo com os filhos.
- A família diante dos meios de comunicação.

O primeiro item da proposta metodológica tem a dimensão da atenção ao cuidador, que implica a mobilização de sua capacidade de análise com respeito à organização de suas práticas. Uma ação de transformação que passa pelo reconhecimento da criatividade individual no estabelecimento de vínculos de solidariedade em um compromisso de ordem ética (Moura, 1997).

A identidade dos conselheiros e das famílias atendidas no CT implicou, nesta pesquisa, uma concepção de ser humano, cuja subjetividade se constitui mediante dois enfrentamentos essenciais: imaginário *versus* realidade, e história singular *versus* contexto social e histórico das relações vividas nos movimentos sociais que dão confirmação ao sujeito de direito. A reconstrução dessa relação ganha sentido de conhecimento e aprendizagem.

A interação conselheiro–família–instituição é marcada por demandas de atenção e cuidado e influenciada sempre por dois fatores: a atividade de concepção do que se faz e suas funções, e a obtenção de reconhecimento social pelo trabalho desempenhado. Essa experiência subjetiva dá consistência à relação conselheiro–família–instituição e expressa-se pelo significado do trabalho por ele compartilhado e visto como um "jogo que desafia e gratifica" (Moura, 1997).

Portanto, na atenção ao cuidador, privilegiamos as vivências subjetivas do conselheiro; o "como-fazer-para-ser"; o perfil do conselheiro-multiplicador, ou melhor, suas vivências subjetivas da prática laboral ou das práticas sociais (significado subjetivo desse trabalho); o como concebe seu trabalho; o como é construir essas concepções compartilhadas.

Cukier (2002) aponta que existem características específicas de insalubridade que estão presentes nas profissões de ajuda ao outro. Consiste em experimentar um processo de exaustão emocional gradual. É uma erosão progressiva do espírito de quem acolhe e ajuda o outro, e envolve uma perda de confiança e fé em sua capacidade de ajuda. Portanto, são vulneráveis todos os "profissionais de ajuda ao outro" que têm na empatia a sua principal ferramenta de trabalho. Segundo a mesma autora, cuidar do cuidador é imprescindível a qualquer programa que vise à prevenção e ao tratamento.

Relação dos CTs com outras instâncias e instituições

- Necessidade de uma rede de apoio.
- Como lidar com as expectativas que as instituições têm a respeito dos CTs?

O AGENTE SOCIAL QUE TRANSFORMA 139

- Como delimitar o papel e a função dos CTs no atendimento às expectativas das instâncias e das instituições que se relacionam com os CTs?
- Como definir critérios de atendimento?
- Como abrir espaços, fazer valer os CTs, construir propostas de trabalhos considerando suas competências?
- Relações interinstitucionais e interpessoais.
- A relação com outras instâncias deve pautar-se pelo ECA, e os CTs deverão ser o instrumento de busca desse entendimento, como mediador e articulador.
- As requisições de serviço devem ser feitas dentro de suas atribuições (art. 136), assegurando ao cidadão todos os seus direitos.
- Ver a criança e o adolescente como sujeitos de direito.
- Buscar parcerias fundamentadas no ECA.

A relação do cuidador com outros cuidadores é a essência desse segundo item da proposta metodológica, e essa relação implica como o conselheiro concebe seu trabalho ante a demanda. Como o ser humano é compreendido sob uma perspectiva de complexidade e como nossas experiências fazem parte de nossas relações de convivência. Somos resultado de uma história particular de relação e, portanto, nosso comportamento opera na construção (Dabas, 1995). Profissionais de diferentes áreas e instituições compartilham entre si a especificidade da natureza dessas práticas sociais que se referem às demandas de interação e ao cuidado constante com outras pessoas, sugerindo dois aspectos: a interdisciplinaridade, que busca o apoio de todas as áreas com a finalidade de desenhar ou construir um sujeito mais crítico e criativo e de entendermos melhor a aprendizagem como formação da competência humana (Demo, 2000); a prática de rede, que enfoca a interação humana e trata da mobilização da rede natural para o desenvolvimento e as mudanças, tanto individuais como familiares e na comunidade. É, portanto, um recurso que possibilita o não-esgotamento de perspectiva dos conselheiros ante as demandas, o compartilhar do cuidado e a solidariedade no sistema.

A possibilidade de trabalhar em rede é uma forma de suporte grupal que diminui o isolamento profissional e impede o estresse excessivo de quem trabalha na ajuda ao outro. Compor grupos de iguais ou pares possibilita uma maneira de convivência, além de ser produtivo no sentido da troca de experiência, e propiciar uma relação simétrica menos formal.

1) Necessidade de treinamento teórico e metodológico

- Avanço na formação, conquista de instrumentos para melhorar o atendimento.
- Compreensão da complexidade dos casos atendidos.
- Conceito de família – papel dos membros.
- Abordagem às famílias – uma nova concepção.
- Características dos adolescentes.
- Estruturação de abordagem em grupo: estruturação dos encontros, objetivos.
- Reflexão sobre o papel e a prática do conselheiro e suas competências.

Trata-se de uma dimensão de aperfeiçoamento com a perspectiva de que todas as nuanças necessárias ao trabalho do conselheiro-multiplicador precisam ser conjugadas, complementadas, integradas e não reduzidas e dicotomizadas. É a possibilidade de reorganizar a experiência dos conselheiros reunindo e integrando essas diversidades, trabalhando de modo que proporcione a horizontalização do conhecimento, na qual as dificuldades serão tratadas como desafios a serem superados. Traz um sentido de formação técnica e metodológica para o papel de conselheiro-multiplicador que acompanha a formação pessoal.

Um olhar socionômico e sistêmico poderia auxiliar os conselheiros a compreender a dinâmica da família, dos grupos e das organizações e utilizá-la para implantação das atividades de atendimento e de multiplicação do saber. Aprender a conviver com as contradições permanentes e complementares dos sistemas, percebendo sua instabilidade e sua intersubjetividade será necessário para uma transformação na perspectiva e concepção do papel e para uma compreensão complexa e de valorização do saber do outro. A reorganização do conhecimento, embora formalizado em um procedimento metodológico, terá uma formalização flexível e um espaço que passará a compor a reflexão e a prática de qualificação, levando-os a visualizar a rede socionômica de atuação no contexto das relações e práticas sociais e humanas.

2) Relação da família com os CTs

- O papel da família.
- O papel dos conselheiros.
- Atendimento do conselheiro à clientela.
- A família ter conhecimento de sua responsabilidade de pátrio-poder.
- A família ter conhecimento do ECA e saber de suas atribuições e das atribuições dos conselheiros.

Esse item da proposta metodológica tratou da dimensão do relacionamento. É necessário ter claro o papel complementar presente na outra ponta da relação. Dependendo da forma como os conselheiros e o grupo familiar se estruturam e da dinâmica que estabelecem, podem funcionar como facilitador ou dificultador da formação de sujeitos autônomos e cidadãos de direito. A validação das famílias pelos conselheiros e a confirmação de seu saber são uma interação transformadora e de autorização das competências, mapa dessa construção. A proposta consiste, portanto, na construção compartilhada entre todos os conselheiros, na qual primeiro vão conhecer-se e reconhecer-se, depois conhecer seus pares para, em um terceiro momento, conhecer seus complementares. A partir daí, terão clareza do lugar e das funções de cada um na relação e da co-responsabilidade na construção do vínculo e de seus desdobramentos.

3) A família e suas problemáticas

- Responsabilidades familiares – transferência das responsabilidades.
- Incapacidade na formação familiar.
- Causas da violência doméstica.
- O abuso sexual.
- Desinformação quanto aos direitos contidos em leis diversas (CF, ECA, Código Civil).
- Dinâmicas para tal formação.

A família é o objeto da intervenção. Construir conhecimento nessa perspectiva é um tipo de pesquisa qualitativa e, portanto, contempla o estudo de um fenômeno complexo. Nessa proposta, a família é o cliente e o conselheiro tem o compromisso de construir a demanda com todos, mesmo que alguns membros da família estejam ausentes. Nossa proposta, nesse item, consiste na troca de experiências e na aquisição de novos conhecimentos e saberes, acrescida da compreensão sistêmica construtivista e socionômica, importantes na exploração do aspecto interventivo e do entendimento de questões específicas que estão presentes no cotidiano das famílias, em seu ciclo de vida e na intervenção dos CTs.

4) O CT e suas responsabilidades com o ECA

- Criação de fóruns para reflexão sobre o ECA.
- Fomento, a união de outros grupos com o CT, a fim de democratizar o conhecimento do ECA.

O AGENTE SOCIAL QUE TRANSFORMA   143

- Permanente relação com a escola pública e particular para maior discernimento dos diversos papéis (escola *versus* conselho).
- Formas de levar a sociedade aos CTs.
- Estudo das medidas protetivas, bem como das medidas socioeducativas, a fim de fazê-las funcionar de fato (na prática), isto é, para encontrar indicativos para seu cumprimento.

O ECA é o inspirador da criação dos CTs. Reconhece o poder que todos os agentes (públicos e privados) trazem consigo e prescreve quatro condições éticas fundamentais que os conselheiros devem levar em conta: a cidadania, o bem comum, os direitos e deveres individuais e coletivos; e as crianças e os adolescentes em condições peculiares de desenvolvimento. Cabe aos conselheiros, no papel de multiplicador, democratizar o ECA, criando espaços para que a família e a sociedade civil o conheçam e possam lidar com as leis de proteção de forma mais viável para o restabelecimento dos CTs, e possibilitando à comunidade melhor acesso à Justiça.

Tudo o que foi vivenciado nos sociodramas está materializado nos itens da proposta metodológica. Toda a representação social, o imaginário, o relacional e o contextual como em um movimento de "catarse de integração" (Moreno, 1972). Para esse autor, esse é o fenômeno que traduz o verdadeiro sentido terapêutico do psicodrama. A palavra contém a ampliação da catarse comentada por Aristóteles que era o efeito do drama no público, como ocorria na tragédia grega, isto é, a catarse tinha lugar no espectador. Para Moreno, a catarse tem lugar no ator, na mente da pessoa que está sofrendo a tragédia. Os atores somos nós todos que estamos no palco da vida cotidiana e necessitamos da liberação dos conflitos, das emoções e dos pensamentos em que estamos presos. Por meio da ação dramática, os sujeitos clarificam intelectual e afetivamente as estruturas psíquicas que os impedem de desenvolver, desempenhar papéis e resgatar etapas de seu processo de identidade, possibilitando outras visões e considerações da realidade. É um processo interpessoal que só pode ocorrer na interação espontânea.

Parte 3

Ações socionômicas no resgate dos Direitos Humanos

11

Inclusão social e cidadania

O cerne de nossa questão neste capítulo é a inserção dos direitos da criança e do adolescente com respeito aos Direitos Humanos. Consideramos as crianças e os adolescentes unidade biopsicossocial e cultural, compreendida sob uma perspectiva de complexidade, e percebemos que nossas experiências fazem parte de nossas relações de convivência. Somos resultado de uma história particular de relações.

Segundo uma visão sistêmica e socionômica do mundo, pudemos compreendê-lo como uma rede de inter-relações, na qual estão incluídos tanto os indivíduos como os sistemas familiares, os grupos, as organizações e as instituições, construindo-os e sendo construídos por eles mesmos, o que significa compreender que estão intimamente ligados, são interdependentes e não podem ser entendidos no âmbito da metodologia fragmentada, como nossos organismos governamentais. Nem todas as formas de organização contribuem para a constituição de sujeitos sociais de seus membros e da sociedade em que estão insertos. Em face dessas exigências, as grandes transformações sociais e tecnológicas, as novas perspectivas em um mundo que se mostra instável deixam conseqüências imensas. Desde o empobrecimento qualitativo de formas de viver, o não-reconhecimento do ser como cidadão, até populações inteiras submetidas a situações geradoras de grandes sofrimentos, como o desemprego, a desagregação familiar, a violência, a exclusão. Temos de dar conta de situar-mo-nos em um mundo de certezas, incertezas e caos. Não podemos mais nos confortar pelas aparentes reconfirmações das antigas convicções, pois somos perturbados por idéias, visões e desafios novos, ativando o processo sem fim da aprendizagem.

A aprendizagem é marcada profundamente pela virtude: "trabalhar os limites em nome dos desafios e os desafios dentro dos limites" (Demo, 2000, p. 10). A aprendizagem é expressão política e seu paradigma é da passagem, da inovação, do provisório. Estamos falando de uma "avaliação qualitativa" que, para Demo (1999), implica, necessariamente, a participação da comunidade, a busca da qualidade política. Capacidade da comunidade de autogerir na criatividade cultural dentro dos condicionantes históricos e sociais locais, num esforço de busca de sua identidade e autopromoção.

É necessário tomar a estrutura social em sua complexidade entendendo seu dinamismo e sua estabilidade como tendências que se contradizem e considerar, ainda, que a estrutura social, que deve ser modificada, é uma totalidade. Significa a existência em si de partes que, em interação, a constituem. Logo, o mundo humano "está sendo", na medida em que se dialetiza, a mudança e o estático (Freire, 1993). "Estar sendo", para o autor, implica um movimento que se faz na indivisibilidade da reflexão e da ação da práxis humana, canalizando-nos sempre para a percepção da realidade, uma tarefa fundamental de sermos sujeitos e não objetos dessa transformação, distanciando-nos soluções de caráter assistencialista.

A educação formal é, para Freire (1993), uma instituição colonizadora e elitista distanciada da sociedade, o que dificulta uma participação mais aberta e a priorização de ações que contemplem as motivações e os interesses dos diferentes segmentos institucionais.

Em uma visão sócio-histórica, os anos de 1980 trouxeram para o cenário, tanto teórico como das práticas dos movimentos

O AGENTE SOCIAL QUE TRANSFORMA   149

sociais, novos protagonistas. Ações coletivas com a perspectiva
de abrir interlocuções entre si e com o governo foram desenvolvidas com a finalidade de assegurar os direitos sociais e o exercício da cidadania das crianças e dos adolescentes e, conseqüentemente, das famílias, resguardando suas identidades
culturais. Denúncias e manifestações populares em torno desse
tema também faziam parte do cenário. Um novo paradigma vis-
lumbrava-se, pois as políticas implementadas durante a ditadu-
ra militar até então haviam fracassado. A complementaridade
que o Estado fazia com a sociedade menos favorecida não fun-
cionava mais. Uma nova perspectiva educativa e não corretiva
começava a ganhar visibilidade e expressão. Nesse enredo em
que haviam sido jogados pelos acontecimentos históricos crianças, adolescentes, famílias, Estado, sociedade e instituições diversas, cada um desempenhou um papel real, a que Moreno
(1946/1972) chama de "papel social", que traz a dimensão da
realidade, mas também desempenhou um papel psicodramático
que traz a dimensão psicológica. Todos em *status nascendi* deveriam converter-se de espectadores a atores. Atores de seu
próprio drama coletivo, isto é, dos dramáticos conflitos sociais
em que estavam realmente envolvidos. O objetivo era a busca
de uma nova ordem das coisas, na qual o papel de ator social
começasse a desenvolver-se.

Para que essas ações e políticas se efetivassem, Estado e sociedade civil precisariam movimentar-se para ganhar novas percepções e representações. Teriam de olhar-se e olhar o outro para
compreender como estruturam seu vínculo e como estabelece-
ram até então sua complementaridade. O espaço e o tempo de interação em que diferentes formas simbólicas de relação foram
construídas necessitavam de uma ressignificação. Era preciso repensar o espaço que ocupava a atuação do Estado, principalmente a ineficiência da Política Nacional do Bem-Estar do
Menor (Campelo, 2001). Assim, todos sentiram-se vítimas
do sistema, como expressaram os conselheiros. O espaço estava

oprimindo a maioria, impedindo a possibilidade de organização de todos. Necessárias faziam-se a mobilização e a parceria com a sociedade civil em outros termos, no sentido de uma responsabilidade comum.

Nesse processo de reconstrução, muitas instituições sociais foram protagonistas em um campo de interação a princípio tenso e confuso, no qual não se delineavam perspectivas e as personagens eram indiferenciadas. Foi necessária a promulgação de um instrumento técnico que garantisse os direitos sociais a todos os cidadãos como resposta à participação popular, no sentido de uma ação governamental respaldada nos princípios e nas diretrizes da CF. Novos espaços de exercício político e social foram, então, construídos, aproximando mais o poder público da comunidade, implicando relações sociais e formas de participação novas, rompendo com uma atitude clientelista, autoritária e uma participação passiva. Porém, entre o discurso e a ação coabitam, coexistem inúmeras questões que se instalam no campo da interação, objetiva ou subjetivamente, impedindo a efetiva realização dessa proposta popular que, às vezes, parece utópica. Forças do Estado e da sociedade conflituam e dialetizam, prefigurando poder, injustiças e passividade. Apenas ganhamos algumas batalhas, mas a luta precisa avançar no sentido de educar a população para a co-responsabilidade, o reconhecimento das competências de cada um e o pertencimento como cidadãos.

A iniciação das crianças na cultura, nos valores comunitários e nas normas sociais começa pela convivência familiar. Dessa forma, a situação da criança e a identidade do adolescente são o resultado de como se encontram nossas famílias. O bem-estar das crianças e dos adolescentes está indiretamente relacionado à situação socioeconômica da família, às oportunidades que favoreçam seu desenvolvimento, bem como à possibilidade de manter um vínculo estável de apoio, educação, saúde, alimentação e tantas outras com sua família. Nessa perspectiva, as famílias devem ser vistas como agentes sociais e objetos de políticas públicas para o desenvolvimento da democracia, da inclusão social e da cidadania.

E como são e estão nossas famílias? Sabemos que a simples existência de um amontoado onde convivem várias pessoas não assegura, por si só, os direitos para grande parcela da população brasileira. Além disso, temos outras tantas crianças e adolescentes considerados "meninos de rua", exemplo de pouca ou nenhuma convivência familiar e de direitos gravemente violados.

Essas questões fazem parte de um problema estrutural mais amplo, uma marcante desigualdade social, política e econômica estabelecida e instalada atualmente pelo projeto neoliberal, no qual o papel e o lugar do Estado têm-se enfraquecido e expandido os mecanismos de desrespeito ao cidadão, a corrupção e a violência em todos os sentidos. Em conseqüência, as famílias perdem sua forma específica de agregação e o processo integrante da vida e das trajetórias individuais de seus membros. Assim, as crianças e os adolescentes são vítimas desse sistema injusto, sem expectativa e perspectiva de futuro nessa sociedade capitalista.

Observamos, então, que a lógica capitalista, ao excluir, possibilita e reforça uma inclusão marginal. Formam-se, a partir daí, grupos que compartilham de situação precária e inclusiva nesse viés mercadológico. Martins (1997, p. 32) esclarece com a seguinte descrição: "O capitalismo, na verdade, desenraíza e brutaliza a todos, exclui a todos. Na sociedade capitalista, essa é uma regra estruturante; todos nós, em vários momentos de nossa vida, e de diferentes modos, dolorosos ou não, fomos desenraizados e excluídos. É próprio dessa lógica de exclusão a inclusão. A sociedade capitalista desenraíza, exclui para incluir, incluir de outro modo, segundo sua própria lógica. O problema está justamente nessa inclusão". Essa inclusão citada pelo autor é visível em nossa sociedade, sobretudo no que se refere ao fenômeno da drogadição, indo nossas crianças e nossos jovens nesse processo que vai da vulnerabilidade ao risco social mais extremo, a despeito dos avanços significativos da legislação e de grandes debates sobre as práticas democráticas e os direitos humanos.

À medida que essas divisões e fragmentações vão estabelecendo-se em um sistema, sua criatividade e espontaneidade ficam bloqueadas e sua capacidade de adaptação às contingências do cotidiano e de organização fica estagnada. As correntes psicológicas que circundam nessa "realidade externa" minam a "matriz sociométrica", impedindo a explicitação de seu funcionamento e a movimentação para novas formas de organização, aparecendo uma "realidade social" que viciosamente vai criar e perpetuar as práticas dominantes (Moreno, 1992). Os tantos outros significados dessa interação serão marginalizados, pois serão panos de fundo e as mudanças transformadoras não poderão emergir. As gerações futuras sofrerão o prejuízo. E essa atitude promove a justiça social? Têm os cidadãos uma dimensão política de seu papel? Se têm, como estabelecem relações pautadas num saber que corresponde a um poder? A realidade social é necessariamente política porque é feita pelos atores (Demo, 1999).

Os reflexos dessa situação trazem-nos o consenso de que o quadro de vulnerabilidade das famílias tem uma correspondência direta com sua situação de pobreza e, em síntese, esse quadro determina elevadas desigualdades socioeconômicas, bem como o impacto da ação do Estado por meio de suas políticas sociais e públicas.

Dessa forma, não é possível discutir a questão dos direitos humanos desvinculados da família considerada segmento-alvo de políticas de bem-estar social, de qualidade de vida e do desenvolvimento humano e comunitário.

Desde a criação do Fundo das Nações Unidas para a Infância (Unicef), em 1946, entre outras instituições, vivemos uma perspectiva de juntar objetivos comunitários e de desenvolvimento para atender às necessidades mais urgentes das crianças. Hoje, a chamada "era dos direitos" (Bobbio, 1992) alimenta esperanças de igualdade de condições de vida como objetivo prioritário de sua agenda. Vimos, ao longo da descrição do sociodrama com as famílias e os conselheiros, quanto a sociedade civil precisa organizar-se e posicionar-se. O sofrimento individual e familiar inclui-se como mola propulsora e pode, também, apresentar-se como expressão do coletivo e como mobilizador das mudanças necessárias ao sistema.

Castel (1998) esclarece-nos da importância de repensar o papel do Estado com respeito à mediação dessas questões. Sabemos que as práticas sociais de mediação consistem em um instrumento de exercício de cidadania, uma vez que educam, facilitam e ajudam a produzir diferenças e a realizar tomadas de decisão, nas quais o terceiro estudo também vive o processo. Desenvolver autonomia é uma forma de produzir diferenças (Warat, 2001), permite-nos formar identidades culturais que nos dão o sentimento de pertencimento. Esse é o papel do conselheiro-multiplicador.

Ser cidadão significa ter acesso ao bem-estar social e aos direitos fundamentais, um direito comum a todos. Ter uma vida digna com acesso à educação, à saúde e à participação na vida política do país. E novamente afirmamos, pelas palavras de Yasbek (*apud* Sousa, 2003, p. 69), que vivenciamos "[...] uma inclusão que se faz pela exclusão, de uma modalidade de participação que se define paradoxalmente pela não-participação e pelo mínimo usufruto da riqueza socialmente construída [...]". Temos, portanto, de construir novas formas de organização em que possamos trabalhar em redes sociais e assim construir um projeto coletivo de sociedade que implique novas formas de participação social.

O ECA propôs agilizar o acesso da população à justiça, à saúde e à educação, antes a cargo do Poder Judiciário, e os CTs assumem o espaço democrático de participação e facilitador da relação comunidade, Poder Executivo e Judiciário. Com a descentralização, os assuntos e as decisões de interesse local ficam a cargo do poder municipal.

Ao analisarmos a relação dos CTs com esses órgãos que compõem a rede de garantia dos direitos das crianças e dos adolescentes para a construção da cidadania, vemos que o papel e a prática dos CTs refletem um gerador de conflito que é sua representatividade. A materialização desse conflito fica permeada por todas as suas ações e decisões em todas as vias ou redes de relação. Os conselheiros expressam-se: "[...] o CT trabalha com a prevenção e recebe demandas da própria comunidade, do Centro de Desenvolvimento Social (CDS), do SOS Criança, das delegacias e das ONGs e OGs", "[...] o CT funciona como orientador, um órgão assessor ao cidadão que está reivindicando seus direitos e não está sendo atendido".

Os movimentos de acesso à Justiça aparecem na segunda metade do século XIX nos países chamados centrais. Despontaram vários movimentos jurídico-políticos de defesa dos direitos, instrumento de transformação social. Na década de 1960, surgem discussões acerca de formas estatais e não estatais de resolução de conflito com vistas à ampliação dos canais de acesso à Justiça, uma vez que os grupos minoritários (negros e mulheres) queriam efetivar a garantia de seus novos direitos. Esse movimento de multiplicação de direitos diz respeito ao âmbito dos direitos sociais (Cavalcanti, 1999). No Brasil, o problema da prestação de Justiça pelos órgãos do sistema formal (Judiciário, Ministério Público e delegacias de polícia) apresenta duas questões: o excesso das formalidades nos procedimentos judiciais, o difícil acesso às instâncias estatais de resolução de conflito e, ainda, os obstáculos econômicos, sociais e culturais da população. A imagem global da Justiça no Brasil é de que ela é lenta, cara e pouco confiável. Como no Brasil a afirmação da cidadania pela via judicial jamais se consolidou, o efetivo acesso à Justiça é algo a ser perseguido (Cavalcanti, 1999). Os CTs são uma possibilidade para a comunidade.

Podemos afirmar que a proposta da construção e do resgate da cidadania de crianças e adolescentes contida no ECA, como parte integrante da CF, só pode efetivar-se com o esforço coletivo da sociedade civil organizada e com a proposta de garantir os direitos das crianças e dos adolescentes. Para isso, fez-se necessária a institucionalização de aparatos legais, como os Conselhos de Direito e CTs, sendo esse seu instrumento mais importante. Para esse organismo público, espaço democrático de participação popular, com treze anos de uma história recente, torna-se relevante sua integração à comunidade, criando redes de sustentação para a organização, a divulgação, o reconhecimento de seu trabalho e a ampliação de seu conhecimento e suas experiências. Consideramos essenciais para esse processo a participação da família e a construção de parcerias com essa instância complementar. Essa interação foi percebida como complexa e contraditória tanto pelos conselheiros como pelas famílias, provocando certa fragilidade e instabilidade na relação considerada prioritária na construção do conhecimento.

A interação conselheiro–família é geradora das reflexões e dos diálogos que possibilitaram a espontaneidade e a criatividade para soluções e alternativas dos problemas. Nesse sentido, apontamos como imprescindível a ampliação da concepção da função e do papel do conselheiro, trazendo novas dimensões que vão juntar-se à dimensão de mediador do Estado, da sociedade e da família, aplicando medidas socioeducativas. Ao co-construírem com seus pares e com as famílias uma relação de respeito, compreensão dos valores, aceitação das diferenças e das diversidades, e desenvolvimento das competências pelas oportunidades de convivência e interação, abrem a perspectiva para o desenvolvimento de novas dimensões, como cuidador, multiplicador e educador. Passarão a lidar com os processos e contextos de transformação e mudança nos e dos sistemas sociais. Por ser visto como um agente de transformação, o multiplicador é também um instrumento de intervenção.

Essa constatação assegura-nos avançar na construção de metodologias de abordagens e também de intervenção preventiva, uma vez que essa metodologia de ação tão bem contempla esses campos legítimos de socialização e participação. A prevenção cabe a nós todos, atores sociais com vocação para multiplicadores, aptos à promoção da saúde em suas várias instâncias e das mudanças sociais, e não deve ser monopólio dos especialistas.

Compete a todos favorecer a inclusão social buscando o desenvolvimento da cidadania e da responsabilidade ética, otimizando os recursos dos sujeitos e das redes imbricadas nessa construção comum, promovendo o resgate de sua competência e denunciando as injustiças sociais. A justiça social, então, consiste em "valorizar as outras formas de conhecimento e desmascarar o trabalho em benefício próprio da prática dominante" (Waldegrave, 2001, p. 19).

O compromisso dos atores sociais com a co-construção (processo de educação) não pode ser, segundo Freire (1993), um ato passivo, mas uma práxis-ação e reflexão sobre a realidade. Tem de estar inserto na realidade. A tarefa de um educador não se limita à escola e sim à tarefa de organizador da sociedade. A educação é também um ato político, sendo entendida como a alavanca da transformação social e política, por ser essencialmente um ato de conhecimento e de conscientização. Ao fazer-se profissional da ação de educar, assume uma dívida com a sociedade e no compromisso está a exigência de seu constante aperfeiçoamento e da superação do especialismo. Posição daquele que comunica um saber relativo a outros que possuem outro saber relativo.

A socioterapia vai além dos limites da prática clínica tradicional, situando sua ação como social e política. Tem seus alicerces no empoderamento e na resiliência dos grupos, ampliando suas possibilidades existenciais e reforçando as vivências dos desafios, reinserindo o sujeito numa relação intersubjetiva em direção às comunidades.

12

Espaços públicos para a defesa e a proteção da criança e do adolescente

Leis são necessárias e essenciais para a definição e garantia de direitos e políticas. Medidas socioeducativas devem ser adotadas e aplicadas em diferentes áreas, como educação, saúde, proteção à família, defesa de direitos e atendimento especial.

Foi com essa finalidade que surgiram o ECA e os Conselhos de Direito da Criança e do Adolescente (CDCA), na perspectiva de uma mudança de comportamento social, institucional e jurídico em relação aos problemas da infância e da adolescência.

A partir da década de 1980, o processo de discussão da "Convenção Internacional dos Direitos da Criança" começou a difundir-se no contexto latino-americano, rompendo com a chamada "situação irregular" ou "menorista" no momento em que entraram em cena três personagens: os movimentos sociais, as políticas públicas e o mundo jurídico, o que acarretou uma ruptura substancial (Kaminski, 2000), uma vez que nesse processo dinâmico e dialético ficou marcada a presença de atores do Estado e da sociedade civil organizada, pressionando a mudança de paradigma.

A CF, no artigo 227, introduz a categoria de prioridade absoluta quando determina:

é dever da família, da sociedade e do Estado garantir à criança e ao adolescente, com prioridade absoluta, o direito à vida, à saúde, à alimentação, à educação, ao lazer, à profissionalização, à cultura, à dignidade, ao respeito, à liberdade e à convivência familiar e comunitária, além de colocá-los a salvo de toda forma de negligência, discriminação, exploração, violência, crueldade e opressão.

Direitos sociais significam acesso pleno aos direitos fundamentais assegurados em lei a todas as pessoas, principalmente aos seres em desenvolvimento, como crianças e adolescentes. Cabe, portanto, à família, à sociedade e ao Estado, numa interação dinâmica, o cumprimento das políticas, a convivência, e não o controle como idéia básica para garantir a paz social, a preservação e a promoção dos direitos do conjunto da sociedade.

O ECA (13 de julho de 1990) é a lei que concretiza e expressa os novos direitos da população infanto-juvenil brasileira, sustentada pela Doutrina de Proteção Integral e defendida pela ONU, com base na Declaração dos Direitos da Criança (Costa, 1990a).

As mudanças introduzidas pelo ECA são da ordem do conteúdo, do método e da gestão. O conteúdo está implicado na organização e na hierarquização das ações, como políticas sociais básicas, políticas assistenciais e políticas de proteção especial. Com relação ao método, substitui o assistencialismo por propostas de trabalho socioeducativas de caráter emancipador, baseadas nas noções de cidadania. A mudança de gestão diz respeito a dois pontos básicos: a descentralização político-administrativa e a participação da população por meio de suas organizações representativas (Costa, 1990b).

Dessa forma, com a descentralização político-administrativa, as ações a cargo da União ficaram limitadas pela Constituição, restringindo, também, o papel do Estado e ampliando consideravelmente as competências e as responsabilidades do município e da comunidade.

O cumprimento direto das políticas e dos programas ficou a cargo do município (nível local) em parceria com as entidades não-governamentais, garantindo a promoção e a defesa dos direitos da criança e do adolescente (Costa, 1990b), com o seguinte perfil:

- criação de Conselhos Municipais, Estaduais e Nacionais da Criança e do Adolescente, órgãos deliberativos e controladores das ações;
- manutenção de fundos municipais, estaduais e nacionais ligados aos respectivos Conselhos de Defesa da Criança e do Adolescente;
- criação e manutenção de programas específicos, observada a descentralização político-administrativa;
- municipalização do atendimento.

Sêda (1990) observa que cabe ao município discutir e resolver a situação do atendimento dos direitos das crianças e dos adolescentes em sua realidade comunitária e decidir como fazer para que os direitos ameaçados ou violados sejam cumpridos. Os municípios devem, portanto, mobilizar todos os recursos que a CF e o ECA põem à sua disposição e fazer valer suas prerrogativas por meios legais, como:

- diretrizes municipais de atendimento aos direitos da criança e do adolescente;
- criação do Conselho Municipal dos Direitos da Criança e do Adolescente;
- criação do Fundo Municipal dos Direitos da Criança e do Adolescente;
- criação do Conselho Tutelar dos Direitos da Criança e do Adolescente.

Todas essas transformações convergem para uma mudança de paradigma ao colocarem a sociedade civil como um dos atores do controle social, tantos anos alijada do processo, sobretudo no que diz respeito à criança e ao adolescente, tendo agora poder, antes nas mãos de um único ator que era o Estado, via juízes. É desse processo de mobilização e conquista, por ocasião do retorno da sociedade à cena pública e da reforma do Estado com os princípios de descentralização e municipalização, que nasce o CT. Seu principal papel é de mediador da ação pública com o espaço privado, portanto de controle social.

O CT, órgão permanente e autônomo, não jurisdicional, encarregado de zelar pelo cumprimento dos direitos da criança e do adolescente, é composto por cinco membros para mandato de três anos, sendo permitida uma reeleição. Os conselheiros do CT atenderão casos, ou seja, pessoas, indivíduos e famílias que se constituam ameaçados ou violados de seus direitos nos termos do Estatuto, com poderes para requisitar serviços públicos, fazendo-os funcionar melhor em benefício dos cidadãos adultos e dos cidadãos-crianças ou adolescentes (Sêda, 1992). Portanto, as atribuições do CT (art. 136) estão concentradas basicamente na atenção de casos, nos quais os direitos da criança e do adolescente estejam de fato ameaçados ou violados (art. 98), ou na hipótese de uma criança cometer um ato que, se cometido por um adolescente, seria considerado infracional (art. 105 do ECA).

Os CTs aplicam medidas de proteção ou de caráter socioeducativo, que se destinarão à orientação e ao apoio sociofamiliar, ao apoio socioeducativo em meio aberto, à colocação familiar, ao abrigo, à liberdade assistida, à semiliberdade e à internação. Os serviços especiais visam à prevenção, ao atendimento médico e psicológico às vítimas de negligência, maus tratos, exploração, crueldade e opressão, à identificação e localização de pais, crianças e adolescentes desaparecidos e à proteção jurídico-social. Podemos destacar, então, que as atribuições dos CTs são, portanto, eminentemente de controle social, situando-se na relação Estado–sociedade. Suas decisões poderão ser revistas pela autoridade judiciária a pedido de quem tenha legítimo interesse.

Kaminski (2000, p. 2) afirma:

> o conselheiro deve ser um líder, deve ser representativo, capaz de conseguir uma alteração de comportamento, de visão e de trato com os direitos das crianças e dos adolescentes, capaz de introduzir e firmar esse novo paradigma deles, enquanto cidadãos, alcançando-lhes dedicações e destinações privilegiadas por parte da família, da sociedade e do Estado.

O CT tem a função de provocar a efetiva mudança social, promover a instalação do novo e trabalhar a consciência da criança e do adolescente no exercício de seu papel de cidadão. O CT, gestado na relação Estado e sociedade com a finalidade da descentralização, favorece maior articulação entre organizações comunitárias e sindicatos em nível local, na qual as vivências e situações das crianças e dos adolescentes acontecem próximas de sua realidade. A municipalização, segundo Campelo (2001), do ponto de vista político, reforça a idéia de autonomia, permitindo responder de forma mais ágil às demandas postas pelos cidadãos e, ao mesmo tempo, reduzindo a responsabilidade do Estado na execução de políticas sociais. Mostra ainda, segundo a autora, que a força da cidadania está no município. É nele que o cidadão nasce, vive, constrói sua história, internaliza seus papéis sociais e aprende a desempenhá-los. A descentralização gera maior interação entre pessoas e instituições, possibilitando a participação das instâncias locais de forma mais simples e diversificada. Nesse processo, os municípios organizam-se como instâncias geradoras de autonomia, poder e responsabilidade para formular, planejar, fiscalizar, buscar recursos e executar políticas que atendam às necessidades vitais das crianças e dos adolescentes, transformando-os em sujeitos de direito, ao serem considerados seres em desenvolvimento capazes de assumir e responder por seus atos compatíveis com sua idade.

Resgatar a cidadania é resgatar o direito de viver. Essa nova concepção da criança e do adolescente traduz o novo paradigma, por reconhecê-los como sujeitos de direito, por conferir-lhes cidadania social, reflexo da nova condição jurídica que atinge o município. Assumindo sua condição de adulto, o município brasileiro assume a contrapartida dessa maioridade, que são os deveres de toda pessoa, individual ou coletiva, para com os que dela dependem. Essa nova política do sujeito, esse processo vivido pelo Estado, sociedade que resultou na descentralização e municipalização mediante a participação local, confirma para o sujeito uma interdependência com sua realidade, ao perceber a necessidade de auto-organizar-se e auto-referenciar-se por meio de seus papéis disponibilizados na ação.

Assim, vemos os CTs mobilizados pela mediação do espaço público e privado, sujeitos de sua própria organização, autônomos, buscando sua competência na direção da municipalização e da consolidação da participação popular, na definição e no controle das políticas sociais e públicas.

13

Da cegueira à visão: reconstruindo vínculos e construindo redes sociais

Para encerrarmos o estudo desse processo criativo que se desdobra em uma série de novas questões e perspectivas com significações complexas e mutáveis, consideramos os quatro eixos importantes: os conselheiros, as famílias, a metodologia sociodramática, e a proposta metodológica de abordagem às famílias.

A transição paradigmática é fruto de um período histórico e de uma mentalidade na qual todos os fundamentos das ciências vêm sendo questionados, originando diferentes concepções do mundo, do homem e de suas práticas.

O mito de uma única forma de abordar e conhecer o problema caiu por terra. Não se podem perder de vista as diversas dimensões subjetivas e intersubjetivas presentes em um *setting* que pretende ser socioeducacional e terapêutico – um contexto de formação pessoal e de práticas sociais.

Configura-se um ambiente de incerteza, de complexidade e caos que se instala nas estruturas, nas práticas sociais, nas instituições, nas ideologias, nas representações sociais e nas inteligibilidades. Essas mudanças repercutem particularmente nos dispositivos da regulação social e da emancipação (Santos, 2001). Todos os conceitos, como a sociedade, o Estado, o direito, o sistema, a comunidade e o indivíduo, passam por transformações e contêm uma contextura espacial, física e simbólica. Tais conceitos remetem-nos à matriz de referência de construção, que combina características também das Ciências Naturais, tendo um impacto político e ético.

Para co-construir estratégias de ação, torna-se fundamental refletir e dialogar com as múltiplas influências que participaram dessa construção, ganhando especial importância a interação em virtude do campo multifacetado que a compõe.

Este capítulo busca concretizar e presentificar essas diversas dimensões que estão integradas entre si em movimentos muitas vezes contraditórios e conflituosos. A tentativa de unificá-los sob uma única perspectiva incorreria em quebra e redução, uma vez que não dispomos de um paradigma que responde à questão do uno e do múltiplo, isto é, da complexidade. Temos, ainda, de estar atentos a outras dimensões, como a relação, o contexto, o global, o singular, a experiência humana e o papel de observador. Se antes o observador estava fora do sistema, agora observa o sistema ao mesmo tempo que participa dele, faz parte dele. Assim, todos os indivíduos são percebidos dentro de um contexto de sentido social, cultural e histórico. Portanto, é um observador-participante co-criador do universo que lhe empresta um significado próprio, espontâneo, capaz de buscar respostas novas e criativas para situações insatisfatórias para si e para o meio (Moreno, 1972). Assim como cada objeto, situação, personagem têm seu lugar, espaço e valor na vida do ser humano, esses devem ser considerados em suas inter-relações, integrando sem dicotomizar o qualitativo e o quantitativo. O cimento dessas inter-relações faz-se pelo vínculo (*tele*) no campo perceptual, no qual atuam forças do sujeito e do objeto, e sua manifestação dá-se via papéis, uma extensão da concepção relacional.

É notável o potencial dos seres humanos para responder de forma construtiva a um meio ecologicamente compatível, uma vez que ele seja colocado à sua disposição. A disponibilidade de ambientes apoiadores e a possibilidade de adoção de práticas sociais e políticas públicas concorrem para a efetivação de ambientes de práticas sociais, os papéis *societais* (Santos, 2001) e as transformações ecológicas (Bronfenbrenner, 1996). Referem-se às mudanças de papel ou ambiente que ocorrem durante toda a vida. Mudanças de expectativas, de comportamentos associadas a determinadas posições na sociedade. Para o autor, os papéis "têm um poder mágico de alterar a maneira pela qual a pessoa é tratada, como ela age, o que ela faz e, inclusive, o que ela sente e pensa" (Bronfenbrenner, 1996, p. 7). A semente da concepção ecológica vai além do comportamento dos sujeitos, incluindo os sistemas funcionais tanto dentro dos ambientes como entre eles; sistemas que também podem ser modificados e expandidos. O ambiente ecológico é concebido como uma série de estruturas encaixadas umas nas outras, como um conjunto de bonecas russas. Essas estruturas encaixadas, interconectadas, são consideradas uma manifestação de padrões locais, globais, ideologias, atitudes e organização das instituições.

Nesse complexo de inter-relações dentro do ambiente composto pelas mudanças paradigmáticas, fermenta a confrontação entre a regulação social construída pelo paradigma dominante e a emancipação imaginada pelo paradigma emergente (Santos, 2001). Vemos, então, uma pluralidade de ordens jurídicas, de formas de poder e de conhecimento. As conseqüências da cegueira manifestam-se na representação distorcida das conseqüências, como no empobrecimento qualitativo dos cidadãos. A ciência moderna reduziu-se às formas privilegiadas do conhecimento da regulação – um estado do saber designado pela ordem, constituindo-se em oposição ao senso comum. É um modelo de prática reconhecidamente diretiva, intervencionista, que pressupõe idéias de controle e objetividade.

O conhecimento-emancipação, um estado do saber designado por solidariedade que leva à visão, trouxe a transformação do poder em autoridade partilhada, a transformação do direito despótico em direito democrático. Essa proposta compreende novas formas alternativas de sociabilidade por meio das experimentações em torno do espaço da cidadania. Em vez de impor uma forma de sociabilidade, o Estado deve ser constituído de modo a criar as condições para a experimentação social, formas alternativas como os sociodramas ou espaços não estatais de convivência (Santos, 2001). As formas alternativas de conhecimento geram práticas sociais alternativas e vice-versa. Ao unirmos esses dois modos de transição, temos o novo conceito de subjetividade, que é simultaneamente individual e coletiva, portanto, o grande mediador entre conhecimento e prática. Subjetividade refere-se, para o autor, à auto-reflexidade e deve ser exercida *ex ante* (a respeito daquilo que ainda não é), o que implica seguir muito de perto as conseqüências de seus atos. A subjetividade é participativa e orientada pelo princípio da comunidade e inclui as formas alternativas de sociabilidade doméstica, autoridade partilhada, democratização dos direitos, prestação mútua de cuidados, conscientização para a "transformação social e atitudes, a que Moreno (1992) chamou de transformação da realidade social".

O trabalho com os conselheiros e a família implicou o compromisso pessoal de cada um ao construírem o conhecimento. Desse modo, retiramos o *status* de poder do conhecimento que supostamente o conselheiro tem, e poderia ser também visto como conhecimento científico, e atribuímos o senso comum (famílias) a participação na produção, chamando o produtor do conhecimento à responsabilidade sobre aquilo que produziu. Assim, todos os que participam são co-construtores e co-produtores e terão um compromisso ético com o produzido.

Essa preocupação de assegurar uma construção conjunta tem a dimensão de desenvolver, pela vivência, o papel de multiplicador, pois está sempre em contexto social com a perspectiva de juntos co-construírem as auto-soluções que mais atendam àquele grupo ou àquela comunidade.

Os indicadores, produto da interação grupal no sociodrama, são pressupostos associados às vivências dos protagonistas, con-

O AGENTE SOCIAL QUE TRANSFORMA   167

ceitos organizadores da proposta metodológica de abordagem às famílias no contexto dos CTs. As estruturas desses indicadores são tão dinâmicas quanto as ações que delas decorrem. Em seu conjunto, criam possibilidades, ampliam os horizontes e excluem determinadas ações. A organização desse conhecimento supõe uma metodologia baseada na ação, na vivência de um processo grupal. Será indispensável na medida em que se torna possível, eficaz e acessível a aplicação partilhada, uma ação de multiplicação.

É nesse contexto que se inserem os CTs. A atuação profissional, política, ética, histórica e social dos conselheiros está influenciada por essa realidade e, para tanto, deve levar-se em conta a necessidade de transformação dessa situação ao assumir sua responsabilidade na construção da ponte entre o Estado, a sociedade e a família.

Trata-se, pois, da tarefa de reinvenção entre a regulação e a emancipação, na qual o conhecimento, o direito e o poder continuam no centro da análise, revelando-se como senso comum emancipatório. O primeiro modelo de conhecimento progride do caos para a ordem, e o segundo, do colonialismo para a solidariedade (Santos, 2001).

Sabemos que todo conhecimento implica uma trajetória, partindo de um ponto ou estado. Assim, também vivenciamos os sociodramas com o grupo que partiu do modelo de conhecimento-regulação, da ignorância para a ordem. Tanto para as famílias quanto para os conselheiros, a ordem estabelecida era o mais importante a ser cumprido, transformando-se na forma hegemônica do saber. Reduziu-se às formas lineares de compreensão do sistema, partindo do pressuposto de que o controle das causas levaria ao controle das conseqüências.

A ação vivida no sociodrama levou o grupo a uma série de percepções, ampliando seus olhares e sua consciência, e descobrindo o equilíbrio dinâmico entre essas duas formas de saber, podendo presentificar, por meio das imagens, a emancipação, saindo da ignorância e da ordem para a solidariedade. Esse equilíbrio dinâmico só poderá efetivar-se se o sistema aceitar certo nível de caos decorrente da ignorância e da negligência relativas à regulação. Assim, o caos é confirmado como forma de saber, coexistindo ordem, desordem e auto-organização (Elkaim, 2000) de forma circular e recursiva, de modo que o compreendamos, ao contrário do que ocorre nas funções lineares. Uma causa pode levar a centenas de conseqüências. Uma pequena causa pode produzir enormes desastres e as ações são imprevisíveis. Uma vez aceita a revalorização do caos, a outra estratégia é revalorizar a solidariedade como forma de saber. Obtida em um processo por meio da construção e do reconhecimento da intersubjetividade, permite-nos conhecer o outro, sujeito das mesmas experimentações e vivências das mesmas tramas e retramas, uma reciprocidade. Lembrando, ainda, que a natureza dita não humana (que pode ser a natureza ou a sociedade) também deve ser mantida, pois sua destruição impulsiona nossa própria destruição e, portanto, não completamos nossa subjetividade nem preservamos a auto-sustentabilidade de nossa comunidade (Santos, 2001).

A atitude dos conselheiros, ao manterem o mito do poder (mito da ordem, da resolutividade), nada mais é que a incapacidade de estabelecer com o outro sujeito da relação um vínculo ou uma complementaridade sujeito–sujeito. De acordo com Santos (2001, p. 83), "o saber enquanto solidariedade visa substituir o objeto-para-o-sujeito pela reciprocidade entre sujeitos, cidadãos".

Segundo Morin (1990), um programa é um conjunto de projeções abstratas, de atos decididos *a priori*, que devem funcionar um depois do outro. Só funciona em contextos que não sofrem mudanças. Estratégia de ação é a arte de atuar e pensar com a incerteza. De acordo com Freire (1993), Moreno (1972) e Morin (1990), a ação escapa à vontade do ator. Estratégia é um cenário de ação que pode ser modificado em função das informações, dos acontecimentos e dos casos que apareçam no curso da ação, tal como vivido no sociodrama. Atrás dos textos e das teorias estão os atores sociais em situação. Essa é uma política do sujeito.

O AGENTE SOCIAL QUE TRANSFORMA   169

Passar de um modelo a uma estratégia de ação representa uma mudança de atitude, concepção, linguagem e paradigma, uma vez que novos pressupostos são incorporados, como a oportunidade da "trans-formação" (Vasconcellos, 1995).

As palavras que mais apareceram nos indicadores (responsabilidade, habilitar, disponível, parcerias, sujeito de direito, mediador, grupo, família, relações interpessoais, conhecimento, relação, reflexão, união, democratização e cumprimento) refletem que só é possível uma resolução quando CT, família e outras instâncias trabalharem juntas. Ao criarmos ou fortalecermos vínculos, convivermos na comunidade, compartilharmos nos mais diferentes níveis, temos uma porta aberta para a formação de redes e do papel de multiplicador. É como se tivéssemos uma equação: grupo ↔ compartilhamento = multiplicação ↔ redes. Assim, o papel de multiplicador não fica limitado aos conselheiros. As famílias que são atendidas com eficiência, no sentido de terem sido ajudadas, aprendem novas formas de funcionamento, fazem mudanças e ficam disponíveis a compartilhar com outras famílias. Dar-se-á às famílias a consciência de que compartilhar é multiplicar possibilidades, tornando-se agentes multiplicadores.

Embora as famílias vivam questões de risco social, são solitárias em sua dor e em sua desinformação. A arte de conviver, a imbricação dos processos individuais e sociais, a co-responsabilidade, a disponibilidade para mudar e atuar dos conselheiros e de entrar em situações e delas sair favorecem o aprendizado do conviver, do relacionar e do compartilhar. A mobilidade do conselheiro, refletida no atendimento às famílias e nas ações de extensão de seu papel na comunidade, transmite esse novo valor, que é o da multiplicação, do pertencimento.

Por considerar que os conselheiros trabalham em contextos nos quais ocorrem fenômenos complexos, é imprescindível que sejam incorporadas, pelas vivências, situações de imprevisibilidades, incertezas e caos, pois estarão sempre em um papel de facilitador participante. Assim, a relação estabelecida até então entre conselheiro e família, que tem um modelo normativo, instrutivo, passará para uma compreensão sistêmica, construtivista e reflexiva. A prática dessa interação vivenciada propiciará a aprendizagem das famílias e dos grupos que se tornarão colaboradores e egos-auxiliares dos conselheiros.

Para Moreno (1972), os agentes terapêuticos cruciais são os egos-auxiliares e estão intimamente relacionados com o mundo dos participantes do grupo para a compreensão do processo interpessoal. São também tidos como um instrumento para o tratamento, sendo o principal agente no processo de cura.

O conhecimento prévio das famílias a respeito dos CTs coloca-as em situação de aliadas, mais abertas e flexíveis. Ao serem ouvidas e acolhidas, passam a colaborar, mudando sua atitude sobre a construção do conhecimento, a compreensão de sua participação nessa construção e na solução do problema e uma nova concepção de seus recursos e competências, gerando novas informações, inovações e auto-solução.

Essa aprendizagem só se faz num processo de vivência de ação-reflexão, como proposta de autopromoção e auto-sustentabilidade das redes sociais, no treinamento de papéis, no resgate da criatividade e espontaneidade e na interação grupal, isto é, pelo princípio da multiplicação e da prática de redes. Para atender a essa finalidade, trabalhamos e sugerimos para a formação de uma rede de apoio mútuo de multiplicadores a metodologia sociodramática, por ser uma metodologia capaz de responder às demandas do grupo por meio das vivências que incluem as dramatizações, as cenas e a criação de imagens. Instrumentos competentes para a desmistificação das ações grupais e para intervenções nas políticas públicas. Considero essa metodologia um paradigma que sai da aplicação de programas e da formulação de conceitos puramente instrumentais para a aplicação de estratégias de ação-reflexão e parâmetros organizadores da experiência já vivida, mas não assumida. Essa forma de intervenção e pesquisa abstrai-se do entendimento e da necessidade de situa-

O AGENTE SOCIAL QUE TRANSFORMA   171

ções controladas de produção e mentalização para a compreensão de uma dimensão mais simbólica. Possibilita novos significados, busca o sentido para aquela situação com aqueles sujeitos com o compromisso de uma interação ética que se faz na mutualidade da parceria. Favorece, ainda, um espaço de compartilhamento, reflexão, conversação e confirmação da auto-referência – uma prática social. O sociodrama, como meio de superação do modelo tradicional, promove um ambiente de desempenho de papéis para termos clareza de como os vínculos se estruturam naquela relação e permite-nos, ainda, desenvolver papéis na busca de novas possibilidades de interação. Nossa proposta metodológica tem uma interface institucional, clínica e social.

As situações vividas pelos participantes-sujeitos e pela equipe de pesquisadores são conseqüências de papéis sociais, refletindo em cada um de modo particular e contribuindo para o avanço ou retrocesso social do qual participam. A produção de conhecimento é coerente com a prática a ser desenvolvida e incorporada pela inter-relação dos participantes e dos vínculos estabelecidos, conduzindo a reflexões e novas criações. Desse modo, o saber popular será incorporado ao saber científico e vice-versa. O coordenador do grupo coloca-se ao lado da comunidade para ajudar os participantes a encontrar formas de concretizar seu projeto político social (Freitas, 1994). A autora esclarece que, ao lidarmos com esse objeto, trabalhamos também com a formação da consciência individual e coletiva, buscando alternativas para a desideologização da vida cotidiana, especialmente das categorias menos favorecidas.

Lane e Sawaia (1995, p. 82) confirmam que:

a ação do psicólogo social comunitário indica claramente que a simples presença do investigador é, em si mesma, uma intervenção e que sua postura deve ser a de investigar, atuando por meio de situações nas quais sujeito e investigador falam, pensam e constroem a história do grupo.

Partem do pressuposto de que a consciência se constrói na atividade e nas relações que a constituem, não podendo ser analisada em si mesma, como se fosse uma abstração. Na perspectiva da psicologia social comunitária, atuar na prevenção é ampliar a consciência dos sujeitos, é criar formadores e promover medidas psicossociais.

Destacamos a posição de Sabucedo (1995), quando fala do compromisso da psicologia política com as mudanças e o progresso social, elaborando modelos de aproximação e análise dos fenômenos políticos que assumam sua historicidade e contextualidade, de forma que a fatalidade possa transformar-se em esperança de mudança. É configurar um novo sentido comum ou uma representação social que impossibilite à injustiça social e à opressão ser vistas como naturais. Esse novo sentido só é possível se evitarmos o princípio da neutralidade científica, assumindo que nosso trabalho vai além de dados concretos, que assumimos posições em um contexto discursivo e nos identificamos com um dos dois grandes tipos de valores e atitudes: conservadorismo ou mudança social.

A qualidade emancipadora do sujeito traz o grande desafio ético da apropriação da vida justa, da busca de dignidade, sem enaltecer as contradições da esfera pública e privada (Sawaia, 1998) e transferi-las para a convivência do grupo.

Ao trabalharmos com os CTs, braço da Justiça na comunidade, estamos assumindo uma ruptura com o instituído, porque eles reintroduzem a comunidade como capaz de assumir a defesa e a atenção às crianças e aos adolescentes e mediar a ação do Estado via sociedade. Os CTs são mais um canal de participação da comunidade local, de escuta das necessidades e das demandas da comunidade, e de orientação educativa. Os CTs têm funções vocativas de defesa e garantia da atenção, representação e encaminhamento numa rede de serviços sociais públicos e privados.

Rede é uma metáfora usada para a intervenção social, pois coloca-nos em contato e permite-nos falar de relações sociais. Segundo Dabas (1995), pensar em rede expressa uma visão a respeito da realidade e da função das instituições, resgatando a competência e a responsabilidade de cada ator social como auto-co-gestor do processo social.

Para Martinez (1996), rede constitui um contexto de pertencimento múltiplo mediante o desempenho de diferentes papéis, formando tramas de interdependência densa e articulada com o objetivo de resolução de problemas e satisfação de necessidades, respeitando as diferenças individuais e a liberdade que promove a autonomia de cada um.

A prática de redes sociais tem conexão direta com as intervenções de prevenção. É como uma estratégia. Propõe a promoção da saúde em suas diferentes instâncias, uma vez que possibilita aos membros da comunidade e dos grupos ir tecendo suas tramas, transformá-las em retramas, até constituir um tecido social continente para suas relações de confiança, para seus espaços de conversação e diálogos. Trabalhar em rede é sair do instituído e criar novas formas de expressão, de pensamento. É o resgate da solidariedade. Com essa visão, o conselheiro trabalhará com os atores sociais e as relações interinstitucionais, contribuindo para a formação de uma rede socionômica de apoio que impulsionará a realização dos direitos sociais e consolidará seu papel de multiplicador.

Bateson (*apud* Sluzki, 1997) propõe que as fronteiras do indivíduo não estão limitadas pela pele, mas incluem tudo aquilo com que o sujeito interage: família, meio físico etc. Todos os contextos fazem parte do universo relacional do indivíduo e constituem sua rede pessoal e social em constante mutação. Essa possibilidade só se presentifica em um espaço social no qual a interação é criativa e ética, permitindo novas construções teóricas e a ampliação de metodologias de abordagens que tão bem contemplam esses campos legítimos de socialização e participação. Para abarcar essa dimensão, serão necessários programas mais abrangentes numa perspectiva da saúde integral, da educação preventiva, da proteção especial à criança e da promoção da cidadania. Estaríamos, assim, trabalhando para a ampliação e complexificação das redes sociais, fundamentando a busca do conhecimento transdisciplinar e da auto-sustentabilidade das comunidades e ampliando o contexto da intervenção, abrindo possibilidades criativas para as experiências e convertendo formas de poder em formas de autoridade partilhada, ao construir um círculo de reciprocidade (Santos, 1998).

O ECA, grande responsável pela criação dos CTs, inspira os conselheiros a tornar-se agentes de mudanças, multiplicadores desse conhecimento e orientadores para grande parcela da sociedade, que nem sequer conhece seus direitos, e deve responder por seus deveres, e muito menos sabe quais são seus direitos e deveres. É o ECA que garante aos conselheiros o espaço de interlocução com diversos complementares e parceiros e a perspectiva da multiplicação. Cabe a eles democratizar esse instrumento de direitos e deveres, restando a nós, que pretendemos contribuir para sua formação, a implementação de novos instrumentos que ampliem sua espontaneidade e criatividade, bem como co-construir sempre novos modos de abordagem para as mais diversas demandas.

Neste estudo, ficam claros os limites e as inúmeras possibilidades implicados na atuação dos CTs. Os problemas comunitários borbulham e impulsionam os conselheiros na busca de novas estratégias, ampliando seu conhecimento do modo de resolução dos problemas sociais. Parece óbvio que as propostas tradicionais vigentes estabelecidas para o funcionamento dos CTs não mais atendem às demandas no que se refere às questões das pessoas, vividas cotidianamente, nem se adaptam a esses novos cenários e essas personagens sociais, sujeitos de direitos.

Todos esses questionamentos serviram para ressaltar que o estudo e a pesquisa não terminam com este trabalho. Pelo contrário, ele é o ponto de partida para novas indagações e descobertas, para o desenvolvimento de estratégias que contemplem as particularidades de cada família e grupo social pela co-construção dos envolvidos e do aprofundamento pelo diálogo das práticas sociais com as demais práticas do conhecimento.

Referências bibliográficas

ACKERMAN, N. W. *Diagnóstico e tratamento das relações familiares*. Tradução M. C. C. R. Goulart. Porto Alegre: Artes Médicas, 1986.

ALMEIDA, W. C. *Encontro existencial com as psicoterapias*. São Paulo: Ágora, 1991.

ANDOLFI, M.; HABER, R. *Por favor, ajude-me com esta família. Usando consultores como recursos na terapia familiar*. Tradução M. Lopes. Porto Alegre: Artes Médicas, 1998.

AUSLOOS, G. *A competência das famílias. Tempo, caos, processo*. Tradução J. Coelho. Lisboa: Climepsi Editores, 1996.

BARBIER, R. *A pesquisa-ação*. Brasília: Plano Editora, 2002.

_____. *Pesquisa-ação na instituição educativa*. Tradução R. J. Zahar, São Paulo: Zahar, 1994.

BARRETO, A. Terapia cultural e comunidade. In: II CONGRESSO BRASILEIRO DE TERAPIA DE FAMÍLIA. 1990, Belo Horizonte.

BATESON, G. *Steps to an echology of mind*. New York: Ballantine, 1972.

BERMUDEZ, J. G. R. *Introdução ao psicodrama*. Tradução J. M. D'Alessandro. São Paulo: Mestre Jou, 1977.

BITTENCOURT, C. N. N. Projeto de justiça comunitária. In: *Projeto cidadania e justiça também se aprendem na escola*. Brasília: Tribunal de Justiça do Distrito Federal e Territórios, 2002. p. 25-36.

BOBBIO, N. *A era dos direitos*. Rio de Janeiro: Campus, 1992.

BRONFENBRENNER, U. *A ecologia do desenvolvimento humano: experimentos naturais e planejados*. Tradução M. A. V. Veronese. Porto Alegre: Artes Médicas, 1996.

BUBER, M. *Eu e tu*. Tradução N. A. Vonzuben. São Paulo: Ed. Moraes, 1974.

176 MARLENE MAGNABOSCO MARRA

CAMPELO, M. H. G. *Conselhos tutelares: espaços públicos de participação e poder na construção da cidadania da criança e do adolescente?* Análise da experiência no município de Cuiabá (MT). Dissertação (Mestrado)–Universidade de Brasília, Brasília, 2001.

CAPELLETTI, M.; GARTH, B. *Acesso à justiça.* Porto Alegre: Fabris, 1988.

CASTEL, R. Que significa estar protegido? In: DABAS, E.; NAJMONOVICH, D. (Orgs.). *Rede: El linguage de los vínculos.* Buenos Aires: Paidós, 1998.

CAVALCANTI, R. B. *Cidadania e acesso à justiça: promotorias e justiça da comunidade.* São Paulo: Sumaré, 1999.

COSTA, A. C. G. *É possível mudar: a criança, o adolescente e a família na política social do município.* São Paulo: Malheiros, 1990a.

_____. Participar é preciso. In: *A criança, o adolescente, o município. Entendendo e implementando a Lei nº. 8069/90.* Brasília: Ministério da Ação Social e Unicef, 1990b. p. 19-24.

COSTA, L. F. O psicodrama como metodologia de intervenção no trabalho comunitário. *Revista Brasileira de Psicodrama,* n. 6, p. 111-123, 1998.

CUKIER, R. Fadiga do psicoterapeuta: estresse pós-traumático secundário. *Revista Brasileira de Psicodrama,* v. 10, n. 1, p. 55-65, 2002.

DABAS, E. A intervenção em redes. *Nova Perspectiva Sistêmica,* v. 6, n.4, p. 6-17, 1995.

DEMO, P. *Avaliação qualitativa: polêmicas do nosso tempo.* Campinas: Autores Associados, 1999.

_____. *Conhecer e aprender. Sabedoria dos limites e desafios.* Porto Alegre: Artes Médicas, 2000.

_____. *Pesquisa e informação qualitativa.* São Paulo: Papirus, 2001.

ELKAIM, M. *Se me amas, não me ame. Abordagem sistêmica em psicoterapia familiar e conjugal.* Tradução N. S. Júnior. Campinas: Papirus, 1990.

_____ (Org.). *Panorama das terapias familiares.* Tradução E. C. Heller. São Paulo: Summus Editorial, 1998.

_____ (Org.). *Terapia familiar em transformação.* Tradução E. N. Laniado. São Paulo: Summus Editorial, 2000.

ESTATUTO DA CRIANÇA E DO ADOLESCENTE. Lei n. 8069/90.

FACHIN, R. A. G. *Em busca do novo milênio: uma reflexão crítica sobe as origens históricas e as perspectivas do direito de família brasileiro contemporâneo.* Rio de Janeiro: Renovar, 2001

FONSECA, J. *Psicoterapia da relação. Elementos de psicodrama contemporâneo.* São Paulo: Ágora, 2000.

FREIRE, P. *Educação e mudança.* Rio de Janeiro: Paz e Terra, 1993.

FREITAS, M. F. Q. Prácticas en comunidad y la psicología comunitária. In: MONTERO, M. (Org.). *Psicología social comunitaria: teoría método y experiencia.* México: Universidade de Guadalajara, 1994.

FRUGGERI, L. O processo terapêutico como construção social da mudança. In: NAMEE, S. Mc; GERGEN, K. J. (Orgs.). *A terapia como construção social.* Tradução C. O. Dornelles. Porto Alegre: Artes Médicas, 1998. p. 51-68.

GONZÁLEZ REY, F. *Epistemología cualitativa y subjetividad.* Havana: Academia, 1997.

GRANDESSO, M. A. *Sobre a reconstrução do significado. Uma análise epistemológica e hermenêutica da prática clínica.* São Paulo: Casa do Psicólogo, 2000.

KAMINSKI, A. K. *Conselho tutelar: Dez anos de uma experiência na defesa dos direitos das crianças e dos adolescentes.* Porto Alegre: Prefeitura Municipal de Porto Alegre, 2000.

LANE, S. T. M.; Sawaia, B. B. La psicologia social comunitária en Brazil. In: WIESENFELD, E.; SANCHES, E. (Orgs.). *Psicología social comunitária. Contribuciones latinoamericanas.* Caracas: Fondo Editorial Eropykos, 1995. p. 69-112.

MARCÍLIO, M. L. *História da criança abandonada.* São Paulo: Heecitec, 1998.

MARTIN, E. G. *J. L. Moreno: Psicologia do encontro.* Tradução M. J. A. Albuquerque. São Paulo: Livraria Duas Cidades, 1996.

MARTINEZ, A. M. La escuela: um espacio de promoción de salud. *Psicologia Escolar e Educacional,* ano 1, v. 1, n. 1, p. 19-24, 1996.

MARTINS, J. S. *Exclusão social e a nova desigualdade.* São Paulo: Paulus, 1997.

MENEGAZZO, C. M., TOMASINI, M. A.; ZURETTI, M. M. *Dicionário de psicodrama e sociodrama.* Tradução. M. Lopes, M. Carbajal e V. Caputo. São Paulo: Ágora, 1995.

MICHEL, J. B. A democracia ou a sociedade sem pai. In: ARAÚJO, J. N.; SOUKI, L. G.; FARIA, C. A. P. (Orgs.). *Figura paterna e ordem social: Tutela autoridade e legitimidade nas sociedades contemporâneas.* Belo Horizonte: Autêntica, 2001. p. 29-41.

178 MARLENE MAGNABOSCO MARRA

MIERMONT, J. et al. *Dicionário de terapias familiares.* Teoria e prática. Tradução C. A. M. Loza. Porto Alegre: Artes Médicas, 1994.

_____. *El psicodrama. Terapia de acción y principios de su práctica.* Buenos Aires: Lumen–Hormé, 1975.

_____. *Psicodrama.* Tradução A. Cabral. São Paulo: Cultrix, 1972.

_____. *Quem sobreviverá? Fundamentos da sociometria, psicoterapia de grupo e sociodrama.* Tradução A. R. Faria, D. L. Rodrigues e M. A. Kafuri. Goiânia: Dimensão, 1992.

MORENO, J. L. *Sociometry, experimental method and the science of society: an approach to a new political orinion.* New York: Beacon House, 1951.

_____. *A cabeça bem-feita – Repensar a reforma, reformar o pensamento.* Tradução E. Jacobina. Rio de Janeiro: Bertrand Brasil, 2000a.

_____. A noção de sujeito. In: SCHNITMAN, D. F. (Org.). *Novos paradigmas, cultura e subjetividade.* Tradução J. H. Rodrigues. Porto Alegre: Artes Médicas, 1996. p. 45-55.

_____. *AmorPoesiaSabedoria.* Rio de Janeiro: Bertrand Brasil, 2003.

_____. *Os sete saberes necessários à educação do futuro.* Tradução. C. E. F. Silva e J. Sawaya. São Paulo: Cortez, 2000b.

MORIN, E. *Ciência com consciência.* Tradução M. G. Bragança e M. G. Pinhão. Portugal: Publicações Europa–América, 1990.

MOURA, E. P. G. *Saúde mental e trabalho: esgotamento profissional em professores da rede de ensino particular de Pelotas (RS).* Dissertação (Mestrado)–Pontifícia Universidade Católica do Rio Grande do Sul, Porto Alegre, 1997.

NEUBURGER, R. *O mito familiar.* Tradução S. Rangel. São Paulo: Summus, 1999.

PASSOS, J. J. C. *Direito, poder, justiça e processo.* Julgando os que nos julgam. Rio de Janeiro: Forense, 1999.

RAPIZO, R. Praticante reflexivo: A identidade profissional do terapeuta de família. *Nova Perspectiva Sistêmica,* v. 8, n. 4, p. 7-28, 1996.

SABUCEDO, J. M. . Psicologia política y cambio social. In: O. D'ADAMO; BEAUDOUX, V. G. e M. Monteiro (Orgs.). *Psicologia de la acción política.* Buenos Aires: Paidós, 1995, pp. 21-32.

_____. *A crítica da razão indolente. Contra o desperdício da experiência.* São Paulo: Cortez, 2001.

_____. *Introdução a uma ciência pós-moderna.* Rio de Janeiro: Graal, 2000.

SANTOS, B. S. *Um discurso sobre as ciências*. Porto: Edições Afrontamento, 1998.

SAWAIA, B. B. A crítica ético-epistemológica da psicologia social pela questão do sujeito. *Psicologia e Sociedade*, v. 10, n. 2, p. 117-136, 1998.

_____. Comunidade como ética e estética da existência. Uma reflexão mediada pelo conceito de identidade. *Psyche*, v. 8, n. 1, p. 19-25, 1999.

SCAFFI, N. *Assumindo as diferenças: índios, aids, programas de prevenção. Uma contribuição metodológica a partir dos pressupostos do psicodrama*. Dissertação (Mestrado)–Universidade Federal do Mato Grosso do Sul, Campo Grande, 2002.

SÊDA, E. A lei que institui a política municipal dos direitos da criança e do adolescente. In: *A criança, o adolescente, o município. Entendendo e implantando a Lei n. 8069/90*. Brasília: Ministério da Ação Social e Unicef, 1990, p. 25-34.

_____. *ABC do Conselho Tutelar*. Disponível em: <http: www.mp.pr.gov.br institucional capoio caopca abcct.html>. Acesso em: 30 abr. 2002.

SENNETT, R. *Autoridade*. Rio de Janeiro: Record, 2001.

SHON, D. *The reflective practitioner*. New York: Basic Books, 1983.

SLUZKI, C. *A rede social na prática sistêmica. Alternativas terapêuticas*. Tradução C. Berliner. São Paulo: Casa do Psicólogo, 1997.

SOUSA, S. M. G. (Org.). *Infância e adolescência: múltiplos olhares*. Goiânia: Editora da UCG, 2003.

SUDBRACK, M. F. O. *Abordagem comunitária e redes sociais: um novo paradigma na prevenção da drogadição entre crianças e adolescentes em situação de rua – A experiência do Prodequi*. Brasília: MS/Cosan; UNB/Prodequi; UNDCP, 1999.

_____. O. Da falta do pai à busca da lei – o significado da passagem ao ato delinqüente no contexto institucional. *Psicologia Teoria e Pesquisa*, n. 8 (Suplemento), p. 447-547, 1992.

THIOLLENT, M. *Metodologia da pesquisa-ação*. São Paulo: Cortez, 2000.

THOMPSON, J. B. *Ideologia e cultura moderna: teoria social crítica na era dos meios de comunicação de massa*. São Paulo: Vozes, 1995.

VASCONCELLOS, M. J. E. *Pensamento sistêmico: o novo paradigma da ciência*. Campinas: Papirus, 2002.

_____. *Terapia familiar sistêmica – bases cibernéticas*. Campinas: Editorial Psy, 1995.

180 MARLENE MAGNABOSCO MARRA

WALDEGRAVE, C. Just therapy com famílias e comunidades. In: GRANDES-
SO, M. A. (Org.). *Terapia e justiça social: respostas éticas a questões de dor em terapia.* São Paulo: APTF, 2001. p. 19-35.

WARAT, L. A. *O ofício do mediador.* Florianópolis: Habitus, 2001.

Marlene Magnabosco Marra é psicóloga, psicodramatista e terapeuta familiar, com mestrado pela Universidade Católica de Brasília.

Ela vem de uma família de educadores, o que muito influenciou seu trabalho. Atuou em várias instituições de diferentes segmentos, sempre implementando projetos de caráter educacional e social.

Atualmente é coordenadora de ensino do Instituto de Pesquisa e Intervenção Psicosocial (Interpsi), e terapeuta de alunos e professora supervisora do Centro de Psicodrama de Brasília (CEPB).

Foi presidente da Federação Brasileira de Psicodrama (Febrap) na gestão 1997-1998 e agora é coordenadora do comitê organizador local do 16° Congresso Internacional de Psicoterapia de Grupo (IAGP).

IMPRESSO NA
sumago gráfica editorial ltda
rua itauna, 789 vila maria
02111-031 são paulo sp
telefax 11 **2955 5636**
sumago@terra.com.br

------- dobre aqui -------

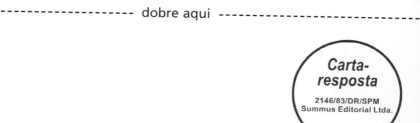

CARTA-RESPOSTA
NÃO É NECESSÁRIO SELAR

O SELO SERÁ PAGO POR

AC AVENIDA DUQUE DE CAXIAS
01214-999 São Paulo/SP

------- dobre aqui -------

O AGENTE SOCIAL QUE TRANSFORMA

O
EDITORA
ÁGORA

CADASTRO PARA MALA-DIRETA

Recorte ou reproduza esta ficha de cadastro, envie completamente preenchida por correio ou fax, e receba informações atualizadas sobre nossos livros.

Nome:_____ Empresa:_____

Endereço: ☐ Res. ☐ Coml. _____ Bairro:_____

CEP: _____-_____ Cidade: _____ Estado: _____ Tel.: ( )_____

Fax: ( ) _____ E-mail: _____ Data de nascimento: _____

Profissão:_____ Professor? ☐ Sim ☐ Não Disciplina: _____

1. Você compra livros:

☐ Livrarias   ☐ Feiras
☐ Telefone   ☐ Correios
☐ Internet   ☐ Outros. Especificar:_____

2. Onde você comprou este livro?

_____

3. Você busca informações para adquirir livros:

☐ Jornais   ☐ Amigos
☐ Revistas   ☐ Internet
☐ Professores   ☐ Outros. Especificar:_____

4. Áreas de interesse:

☐ Psicologia   ☐ Comportamento
☐ Crescimento Interior ☐ Saúde
☐ Astrologia   ☐ Vivências, Depoimentos

5. Nestas áreas, alguma sugestão para novos títulos?

_____
_____

6. Gostaria de receber o catálogo da editora? ☐ Sim ☐ Não

7. Gostaria de receber o Ágora Notícias? ☐ Sim ☐ Não

Indique um amigo que gostaria de receber a nossa mala-direta

Nome:_____ Empresa:_____

Endereço: ☐ Res. ☐ Coml. _____ Bairro:_____

CEP: _____-_____ Cidade: _____ Estado: _____ Tel.: ( )_____

Fax: ( ) _____ E-mail: _____ Data de nascimento: _____

Profissão:_____ Professor? ☐ Sim ☐ Não Disciplina: _____

Editora Ágora

Rua Itapicuru, 613 7º andar   05006-000   São Paulo - SP   Brasil   Tel (11) 3872 3322   Fax (11) 3872 7476
Internet: http://www.editoraagora.com.br   e-mail: agora@editoraagora.com.br

cole aqui